Abhandlungen

aus dem

volkswirtschaftlichen Seminar der Technischen Hochschule zu Dresden.

Herausgegeben

von

Robert Wuttke.

---

6. Heft.

Die Vorgeschichte des Sächsischen Eisenbahnwesens.

Von Dr.-Ing. Theodor Uhlich.

Verlag von Duncker & Humblot.
München und Leipzig 1913.

Die Vorgeschichte des Sächsischen Eisenbahnwesens.

Von

Dr.-Ing. Theodor Uhlich.

Verlag von Duncker & Humblot.
München und Leipzig 1913.

Alle Rechte vorbehalten.

Altenburg
Pierersche Hofbuchdruckerei
Stephan Geibel & Co.

Meinen lieben Eltern!

Inhaltsverzeichnis.

	Seite
Einleitung	1—4
Erster Abschnitt: Die wirtschaftlichen und politischen Grundlagen	5—26
1. Die allgemeine Lage	5

Wirtschaftliche Krisis (als Folge der Freiheitskriege). Zölle. Politische Lage im Innern (Verfassungskämpfe). Allgemeine Gleichgültigkeit. Mangel an Anregung. Mangel an Organisation. Anfänge der Organisation.

2. Die Spezialfragen	15

Geldfrage. Widerstand einzelner Berufskreise. Ungünstiger Einfluß der böhmischen Mißerfolge. Umgehungsgefahr. Stellung des Staates.

Zweiter Abschnitt: Die technischen Grundlagen	27—49

Allgemeines. Schienenweg. Eisenbahn auf Landstraßen. Rollbockverkehr. Straßenkreuzung. Überwindung der Steigungen. Eisenbahn oder Straßendampfwagen. Kanal oder Eisenbahn.

Dritter Abschnitt: Die ersten Entwürfe und Ausführungen	50—96
1. Die vorbereitende Arbeit der Literatur	50
2. Allgemeine Gesichtspunkte	53
3. Die Massengüterbahnen	54

Plauenscher Grund. Dresden—Chemnitz. Zwickau—Leipzig. Leipzig—Dürrenberg. Alte Mordgrube.

4. Die Verbindung Leipzigs mit schiffbaren Strömen	85

Die drei Wege nach Ost, West, Nord. Leipzig—Halle—Magdeburg.

5. Sachsen im Rahmen eines deutschen Eisenbahnsystems.	89

Hamburg—Triest. Die Hauptrouten. List—Schmitz—Grote.

Vierter Abschnitt: Quellennachweis	97—107
1. Akten	97
2. Literatur	100

Einleitung.

Der 24. April 1837, ein Markstein in der Verkehrsgeschichte Sachsens! Zum ersten Male durcheilte in feierlicher Eröffnungsfahrt ein Dampfwagenzug die Strecke Leipzig—Althen. „Es war ein festlicher Tag, ein Schauspiel der Freude und Hoffnung und Erwartung für Tausende, die aus der Stadt hinzueilten, um mitzufahren oder die Fahrenden zu schauen[1]." Die Rolle, welche Leipzig—Dresden als erste größere Lokomotivbahn Deutschlands in der Eisenbahn- und Verkehrsgeschichte nicht allein Sachsens, sondern ganz Deutschlands spielt, hat die Forscher der verschiedensten Fachrichtungen veranlaßt, sich eingehend mit ihr zu befassen. Fast jedes Geschichtswerk weist auf sie hin als einen Wendepunkt der deutschen Kulturentwicklung und stellt sie in ihrer Bedeutung neben die Erfindung des Kompasses und der Buchdruckerkunst. Jedes größere Konversationslexikon weiß von ihrem Entstehen die Einzeldaten anzugeben. Das Jahr 1833, das Erscheinungsjahr der Listschen Schrift: „Über ein sächsisches Eisenbahnsystem usw." galt bisher als das Anfangsjahr der sächsischen Eisenbahngeschichte. Erst mit Friedrich List schien in Sachsen der Eisenbahngedanke erwacht zu sein. Wer aber die Eisenbahngeschichte der übrigen Länder vom technischen wie wirtschaftlichen Standpunkte aus verfolgt, dem muß es auffallen, daß das Jahr 1833 eigentlich ein recht später Termin ist. Während andere Länder, wie z. B. England, Amerika, Frankreich, Böhmen, bereits kilometerlange Bahnen im Betrieb hatten, während in Preußen und Bayern

---

[1] Leipziger Tageblatt, 25. April 1837.

Männer in Wort, Schrift und Tat für die Eisenbahnen warben, sollte Sachsen, das Zentrum von Handel und Verkehr, in untätiger Gleichgültigkeit diesen Verkehrsfragen gegenübergestanden haben? Am Anfange seiner Schrift: „Zwei Kapitel aus Leipzigs Handels- und Verkehrsgeschichte"[1] erklärt S. Moltke, der Nachweis, daß Leipzig schon lange vor Lists Auftreten dem neuen Verkehrsmittel größtes Interesse entgegengebracht habe, werde eine angenehme Überraschung bieten. Denn es könne nicht von der Hand gewiesen werden, daß durch die Ergebnisse der Beratungen des Magdeburger Projektes vom Jahre 1829 der Boden für die Saat Lists in Leipzig bereits empfänglich gemacht worden sei. Die Vorgeschichte des sächsischen Eisenbahnwesens ist jedoch mit diesem einen Projekte nicht erschöpft. Wie in den umgebenden Ländern, so ist auch in Sachsen schon lange vor 1833 die Eisenbahnfrage nicht nur allgemein lebhaft erörtert worden, sondern sie hat auch zum Entwurfe mehrerer interessanter Projekte geführt.

England hatte sich von den ersten gußeisernen Schienen[2] in verhältnismäßig rascher und wechselnder Folge zum Musterlande des neuen Verkehrsweges für das europäische Festland entwickelt. Amerika war, entsprechend den wesentlich anderen Grundbedingungen, seinen eigenen Entwicklungsgang gegangen. Englands Vorbild und insbesondere die dort erzielten günstigen Erfolge hatten den Gedanken auch auf deutsche Lande überspringen lassen. Männer wie Franz Josef Ritter v. Gerstner, Ritter v. Baader, Henschel, Fr. Harkort griffen ihn auf und gestalteten ihn nach ihrer Anschauung um. So baute

---

[1] Leipzig 1912.

[2] Allgemein gilt 1768 als das Einführungsjahr gußeiserner Schienen. Dagegen gibt A. v. Gerstner im Handbuche der Mechanik, 1. Band, S. 602 (1831) und Henze in den Verhandlungen zur Beförderung des Gewerbfleißes in Preußen (1831, S. 223) das Jahr 1738 an, ebenso Haarmann, Das Eisenbahn=Geleise, Leipzig 1891, (Geschichtl. Teil, S. 16 und Das Handwörterbuch der Staatswissenschaften (Conrad, 3. Aufl. 1909, Kap. Eisenbahnen). Ein noch früheres Jahr, 1670, gibt die Allgemeine Enzyklopädie der Wissenschaften und Künste (Ersch und Gruber, 40. Teil, Kap. Eisenbahnen, Leipzig 1844) an.

Gerstner 1824 seine Modelle und seine Probeeisenbahn an der Schwimmschule im Prater bei Wien, Baader 1814, 1818 und 1825 in München und Nymphenburg, Harkort 1826 in Elberfeld. Praktische Ausführungen entstanden in den beiden größeren Unternehmen Budweis—Linz und Prag—Lana, daneben aber noch in kleineren, bisher wenig beachteten Förderanlagen, wie z. B. bereits 1809 in Eisenerz, im Saarkohlengebiet, im rheinischen Industriegebiet, im Harz, bei Dürrenberg, auf dem Meißner, in Schlesien bei der Königsgrube. Auf letzterer Anlage ist der erste deutsche Dampfwagen, die von Kriegar 1815 in Berlin gebaute Zahnradlokomotive, gelaufen. Diese Beispiele aus den verschiedensten Gegenden zeigen, daß der Begriff der Eisenbahnen[1] in seiner neuen Gestalt den Deutschen nichts Fremdes mehr sein konnte, ganz abgesehen von der Werbearbeit, die weitsichtige Männer in Wort und Schrift leisteten. Um so mehr muß es verwundern, daß erst 1833 ernsthaftere Schritte zu größeren Unternehmungen getan wurden. „Es muß rätselhaft erscheinen, daß in Deutschland, wo so viele sachkundige Männer schon seit 10 und mehreren Jahren sich von der unermeßlichen Wichtigkeit der Eisenbahnanlagen überzeugt haben, und nachdem diese auf Vorausberechnungen basierte Überzeugung nun seither in England und Nordamerika durch die glänzendsten Erfolge und Erfahrungen bestätigt ist, es dennoch mit Ausnahme einer einzigen Ausführung (der Budweis — Linzer Bahn) nur immer beim Schreiben geblieben ist[2]." Mit besonderer Bezugnahme auf Sachsen schrieb die Sachsenzeitung

---

[1] Die Eisenbahnwissenschaft umfaßt mit dem Begriffe „Eisenbahnen" nicht nur die Eisenschienenbahnen, sondern erweitert ihn auf alle die Anlagen, die dem Wagenlauf eine besondere Spurbahn zuweisen (z. B. Steingleise, Holzbahnen usw.). Den wichtigen Wendepunkt in der Eisenbahngeschichte bildet die Einführung des eisernen Schienenweges; sie hat erst den vereinzelten Anlagen zur weiteren Verbreitung verholfen. Die vorliegende Arbeit befaßt sich lediglich mit diesen Eisenschienenbahnen. Der im folgenden — der Abkürzung des Ausdruckes wegen — angewandte Ausdruck „Eisenbahnen" ist deshalb in diesem engeren Sinne zu verstehen.

[2] Grote, über ein Eisenbahnsystem für Deutschland, Göttingen 1834, S. 40.

am 9. Dezember 1833, es sei unverständlich, daß der Eisenbahngedanke immer wieder in Vergessenheit geraten konnte, wo doch Sachsen früher immer als das Herz nicht allein des deutschen, sondern des ganzen europäischen Handels gegolten habe und deshalb diese Verkehrsfrage besonders wichtig gewesen sei.

Aufgabe der vorliegenden Abhandlung ist es, diese auffallende Tatsache zu klären und ein Bild von der Vorgeschichte des sächsischen Eisenbahnwesens zu entwerfen.

Erster Abschnitt.
Die wirtschaftlichen und politischen Grundlagen.

1. Die allgemeine Lage.

Zweierlei Art waren die Gründe, die jene Verzögerung in Sachsen hervorriefen. Gründe wirtschaftlicher und politischer Natur einerseits und technische Zweifel oder Unklarheiten anderseits.

Wirtschaftliche Krisis als Folge der Freiheitskriege.
Sachsen und insbesondere Leipzig war vor den Freiheitskriegen einer der Hauptstapelplätze des deutschen, ja des europäischen Handels gewesen. Die napoleonische Zeit mit ihren schweren wirtschaftlichen Schlägen und ihren einschneidenden politischen Änderungen hatte jedoch diese Stellung erschüttert. Durch die Teilung war manch wertvolle Industriequelle, ein großer Teil der getreidereichen Muldenniederungen, der Salzort Dürrenberg verloren gegangen. An den neuen Grenzen zog sich hüben wie drüben ein Wall von Zöllen, der den freien Verkehr mit den bisher eigenen Gebieten erschwerte. Der sächsische innere Handel und die Industrie waren dadurch vor eine neue Aufgabe gestellt. Galt es doch, in den Grenzen des verbliebenen Gebietes das Gleichgewicht zwischen Kauf und Verkauf, zwischen dem Bedarf der Fabriken und Gewerbe an Rohstoffen und deren Bezugsquellen neu herzustellen. Insbesondere für Leipzig war diese Abtrennung verhängnisvoll. Aus seiner bisherigen Zentrallage herausgerissen lag es nunmehr in einsamer Ecke. Seine vorher freien Handelsstraßen

nach Norden und Westen wurden ihm unmittelbar vor den
Toren durch Zollschranken versperrt; nur der Weg nach Süden
und Osten blieb ihm frei. Hierzu kam der fühlbare Mangel
einer Flußverbindung. Gegen Ende der zwanziger Jahre, also
gerade in den Jahren der Stockton-Darlington und der Budweis-
Linzer Bahnen, mußte Sachsen eine ernste wirtschaftliche Krisis
durchmachen. In den verschiedensten Zeitungen, Veröffentlichungen und Eingaben damaliger Zeit wiederholt sich über-
einstimmend die Klage über den Verfall des Handels und den
bedrängten Zustand des Fabrikwesens. Leipzig[1] war in früheren
Jahren, zu den Zeiten seiner höchsten Blüte, der Hauptstapel-
platz man kann sagen fast von ganz Europa. England, Frankreich, Italien sandten ihre Erzeugnisse hierher. Die mit dem
Jahre 1814 eingetretenen politischen Veränderungen waren für
unsern Handel und unsere Fabriken gleich nachteilig, nur mit
dem Unterschiede, daß sich die ungünstigen Wirkungen hier
schneller zeigten als dort. Der Handel fing seit jener Zeit an
zu kränkeln und lag nun an Entkräftung darnieder. Der
Manufakturwarenhandel und die Messen hielten sich noch leidlich
bis 1819, in welchem Jahre die Hauptabsatzstaaten Schutzzölle
einführten. Die Südländer, welche sonst ihre Einkäufe in
Sachsen machten, ließen jetzt die Waren zur Vermeidung der
hohen Transito-Zölle der einzelnen Staaten zur See kommen.
Die sächsische Zeitschrift „Die Biene" wies am 12. August 1827
auf die wachsende Bedeutung der Messen in Frankfurt a. O.
hin und schloß mit dem Warnungsruf: „Hab' acht, Saxonia!"
Einen recht guten Einblick in den damaligen Stand des sächsischen Handels gestatten die in Leipzig erschienenen Elbe-
Blätter. In größeren Aufsätzen und kleineren Notizen erörterten sie eingehend die neuesten Verkehrsfragen und berichteten
ihren Lesern über die wichtigsten Meldungen aus anderen
Ländern. So brachten sie u. a. am 10. Januar 1827 die in

---

[1] Aus dem Bericht des Leipziger Kaufmanns Leopold Gerischer an
die Oeconomie-, Manufaktur- und Commercien-Deputation vom März 1827.
(Kgl. Sächs. Hauptstaatsarchiv, Loc. Nr. 11169, die Beschwerden der Kaufmannschaft in Leipzig über den Verfall des dasigen Handels betr.)

mehrfacher Hinsicht interessante Notiz: Alle die sächsischen Fabrikarbeiter, welche bei dem stockenden Absatze der sächsischen Fabrikate brotlos geworden sind, auf Arbeit und Verdienst beim Bau der böhmischen Eisenbahn aufmerksam zu machen. Die Klagen über den bedrängten Zustand des Fabrikwesens, so schrieben sie ferner am 18. Januar 1828, würden immer lauter. In dem fabrikreichen Sachsen vermehrten sie sich um so mehr, als dieses kleine Land, umgeben von größeren Staaten, zu wenig Auswege für seine Fabrikate habe.

Die Zölle.

In allen diesen zeitgenössischen Berichten über die wirtschaftliche Notlage erscheint eine Einrichtung nachdrücklich immer wieder: die Zölle. Ihnen hauptsächlich wird die Schuld zugeschoben, den ersehnten Aufschwung von Handel und Industrie zu unterbinden und alle Bemühungen zu freierer Entwicklung von vornherein aussichtslos zu machen. „Wozu sind alle übrigen Bemühungen der deutschen Regierungen zur Beförderung des Gewerbfleißes nötig, wenn fernerhin die Grenzsperren und sonstigen zahllosen Fesseln desselben die Benutzung und Ausübung aller ihrer löblichen Einrichtungen unmöglich machen?"[1] Die hohen Grenzzölle, in gleichem Maße aber auch die inneren Abgaben, wie Geleitgeld, Chausseegeld, bildeten ein großes Hindernis jeden freieren Handels. Die Frage ihrer Beseitigung oder wenigstens Linderung war eins der wichtigsten Themata jener Zeit. Sie erschien den Zeitgenossen dermaßen als einzige Rettung aus der bedrängten Lage und nahm die Gemüter so lebhaft in Anspruch, daß jede Neigung, jede Lust zu großzügigeren Verkehrsunternehmen, wie die Eisenbahnen es waren, und jede ermunternde Anregung einiger weiterschauender Männer immer wieder zurückgedrängt und allein von ihrer befriedigenden Lösung abhängig gemacht wurde. Deshalb sind die Vorkämpfer für den deutschen Zollverein, wie z. B. Nebenius, zugleich die wichtigsten Vorkämpfer für die deutsche Eisenbahnentwicklung. List vereint in seiner Person den Vor-

---
[1] Biene, 18. März 1827, Postwesen in Sachsen und Grenzsperren.

kämpfer für Zollfreiheit [1] und Eisenbahn. Die verhängnisvolle Wirkung der Grenzzölle wurde für Sachsen dadurch noch empfindlicher, daß das Land selbst klein und von vielen Staaten umgeben war. Eine große, natürliche Handelsstraße besaß Sachsen in seiner Elbe. Auf dieser war es den Bemühungen der Uferstaaten gelungen, durch Beseitigung der zahlreichen Einzelzölle und Festsetzung einer einheitlich vereinbarten Abgabe die Schiffahrt von Melnik bis zur offenen See freier zu gestalten (Elbschiffahrtsakte vom 23. Juni 1821). Dieses Beispiel hatte die Möglichkeit einer solchen Einigung nachbarlicher Staaten zur Förderung eines freieren Handels dargetan und wies darauf hin, den Weg der Vereinbarung auch für den Landverkehr zu beschreiten. So waren die Jahre vor 1833, in denen England, Frankreich, Böhmen ihre ersten größeren Eisenbahnen bauten, in Deutschland ausgefüllt mit Zollvereinsverhandlungen. Sachsen speziell war am 14. September 1828 am Abschlusse des Mitteldeutschen Handelsvereins beteiligt und schloß sich am 30. März 1833 an die am 24. März 1833 geschlossene Vereinigung des preußisch-hessischen mit dem süddeutschen Zollverein an. Dieser befreiende Abschluß der jahrelang brennenden Frage hat sicher wesentlich zu dem großen Erfolge Lists im Jahre 1833 beigetragen. Noch am 30. Januar 1831 klagte die „Biene": „Unserm Fabrikhandel stellen sich in der politischen Lage, ... in den hohen Zöllen der Nachbarländer ... eine Menge Hindernisse entgegen usw."

Die politische Lage im Innern (Verfassungskämpfe).

Diese kurze Notiz stellt der Zollfrage in gleicher Wichtigkeit eine weitere zur Seite: die politische Lage. Waren es in den beiden ersten Jahrzehnten des Jahrhunderts die napoleonischen Kämpfe mit ihren Wirkungen und Nachwirkungen gewesen, die lähmend auf Sachsens Handel und Industrie gewirkt hatten, so rief mit Beruhigung der äußeren politischen Lage die Gärung im Innern erneute Unsicherheit hervor. Das

---

[1] Wenigstens für ein deutsches Wirtschaftsgebiet. Sonst lehrte List den Schutzzoll.

Volk verlangte nach einer Verfassung. Schon lange vor 1830 ist dieses Verlangen aus den verschiedensten Anzeichen zu erkennen; der September 1830 brachte, durch äußeren Anlaß geweckt, den offenen Ausbruch der Unruhen. Sicherheit und Ruhe im Innern, die Vorbedingungen einer gesunden Handelsentwicklung, waren jahrelang durch die drohenden Gewitterwolken des Aufstandes gefährdet. Kein Wunder, wenn Kaufleute und Fabrikherrn zögerten, ihr Geld für ungewisse Zukunftspläne, insbesondere für die unsicheren Eisenbahnen zu opfern. War doch deren handelswirtschaftliches Wesen noch völlig unbekannt, der pekuniäre Erfolg zweifelhaft, für Bau und für Verzinsung eine längere Spanne Zeit erforderlich. So mußte auch hier erst die geschichtliche Entwicklung mit der Verfassung vom 4. September 1831 zum Abschlusse kommen. Mit ihm wurde den maßgebenden Kreisen neues Vertrauen in die Zukunft, neue Unternehmungslust eingeflößt. „Es möchte jetzt wohl an der Zeit sein, auf Mittel zu denken, um die sinkenden Gewerbe in Deutschland durch Erleichterung des Verkehrs der einzelnen deutschen Völker untereinander wieder zu heben, zahlreichen hungernden Volksklassen Arbeit und Lebensunterhalt zu verschaffen, dem aufgeregten Zeitgeiste eine friedliche Richtung auf großartige Unternehmungen zu geben und so das gestörte Vertrauen zwischen einzelnen Ständen, den Völkern und ihren Regierungen wieder zu befestigen. ... Ein solches Mittel glauben wir in der Anlage von Eisenbahnen zwischen Nord- und Süddeutschland ... vorschlagen zu können."[1]

Allgemeine Gleichgültigkeit.

Unter dem Einflusse der politischen Unsicherheiten und des wirtschaftlichen Tiefstandes hatte sich in Sachsen eine gewisse Gleichgültigkeit gegen Neuerungen eingeschlichen. Beschämend klingen die Notizen der Zeitungen, die klagend Kunde von diesem Zustande geben, mögen sie auch hier und da, wohl mit Absicht, stark gefärbt sein. „Zwar wird an der baldigen Be-

---

[1] Allgemeiner Anzeiger und National-Zeitung der Deutschen (Gotha), 20. Okt. 1832.

nutzung der englischen Dampfflügel auf dem Kontinent und namentlich in Deutschland gezweifelt. Unsere Kapitalisten spielen lieber Rouge et Noir etc. etc., als daß sie das Wohl des Staates durch gemeinnützige und besser rentierende Unternehmungen förderten, unsere Handwerker ständen auf einer solchen Stufe, daß sie kaum eine Dampfmaschine bedienen und ausbessern, viel weniger verfertigen könnten."[1] Im gleichen Jahre (14. Jan. 1830) schrieb der Allgem. Anzeiger und National-Zeitung der Deutschen, es wäre höchste Zeit, aus der Untätigkeit zu erwachen. Stillstand sei Rückgang. Das Wort Lethargie erscheint im Jahre 1833 wiederholt, fast als Modewort. So stellte die Sachsenzeitung am 14. Nov. 1833 mit Freuden fest, endlich nach langer Zeit der Lethargie sei der Geist der Nacheiferung wieder in Sachsen erwacht und man erkenne allmählich die Rückständigkeit von Sachsen Bei der Besprechung des Gesuches mehrerer Einwohner Leipzigs vom 20. Nov. 1833, die Leipzig-Dresdner Bahn betreffend, erklärte in der zweiten Ständekammer des sächsischen Landtages der Abgeordnete Meisel: In Sachsen habe sich leider bisher kein besonderer Sinn für dergleichen großartige Unternehmungen gezeigt; es sei deshalb von großem Werte, wenn einmal Anregung erfolge, um die in dieser Hinsicht bisher bemerkbare Lethargie zu beseitigen. Auch der Präsident der zweiten Kammer wies bei gleicher Gelegenheit auf die Stagnation hin, die in Sachsen in dieser Hinsicht so lange geherrscht habe[2]. Es bedurfte deshalb erst des energischen, zur rechten Zeit angebrachten und mit der Kraft der eigenen Persönlichkeit unterstützten Anstoßes eines Friedrich List, Sachsen kräftig aufzurütteln.

Mangel an Anregung.

Wohl hatten schon vor 1833, wie später zu zeigen ist, einzelne Anläufe stattgefunden. Doch hatte ihnen die Unterstützung günstiger Begleitumstände — neben den sonstigen Hindernissen — gefehlt, wie sie in anderen Staaten die An-

---
[1] Sachsenzeitung 1830.
[2] Landtagsnachrichten 1833, S. 2241.

regung zu Eisenbahnplänen gegeben hatten. In England war es gleichsam die bittere Not gewesen: die Monopolstellung der Kanalbesitzer und deren Willkür hatte zur Erbauung von Konkurrenzwegen für den Warentransport herausgefordert. Sachsen hingegen hatte seine freigewordene Elbe und ein gutes Straßennetz, das nicht der Herrschaft einzelner unterworfen war, sondern gegen geregelte Abgaben jedem freistand. Die böhmische Budweis-Linzer Bahn war entsprungen einem alten Verkehrsprojekte, der Moldau-Donau-Verbindung. Franz Josef Ritter von Gerstner war 1807 von der hydrotechnischen Gesellschaft in Prag beauftragt worden, die bisherigen Vorschläge einer Kanalverbindung zwischen Moldau und Donau zu prüfen und selbst Ausführungsvorschläge zu machen. Gerstners neuer und aufsehenerregender Vorschlag ging dahin, eine Eisenbahn statt des Kanals zu bauen. Die Kriegswirren verhinderten zunächst die Ausführung; dem Sohne, Franz Anton Ritter von Gerstner, war es beschieden, die Pläne des Vaters zu verwirklichen. In ähnlicher Weise stand der bayerische Oberstbergrat Ritter von Baader mit seinen Ideen im Dienste eines alten Verkehrsprojektes: der Verbindung der Donau mit dem Main. Sachsens Flußläufe streben demselben Meere zu. Es fehlte also hier die Anregung, im Interesse des eigenen Handels zwei fremde Meere, d. h. zwei fremde Handelsgebiete durch einen Kanal zu verbinden und damit einen Weltverkehrsweg zu schaffen, wie es der Moldau-Donau- und der Main-Donau-Kanal sein sollte. Allerdings war auch Sachsen nicht ohne Kanalbestrebungen geblieben. Schon seit längerer Zeit suchte Leipzig den Anschluß an einen schiffbaren Strom. Und es wird sich tatsächlich zeigen, daß gerade diese Pläne schon frühzeitig den Anstoß zu sächsischen Eisenbahnprojekten gegeben haben.

Mangel an Organisation.

Einen wesentlichen Einfluß auf die erneute Untersuchung des alten Moldau-Donau-Projektes hatte, wie erwähnt, die im August 1807 gegründete hydrotechnische Gesellschaft gehabt. Mit ihr tritt ein neues Moment in die Erscheinung: der Zusammenschluß einer Reihe — einzeln schwacher — Kräfte zu gemeinsamer Durchführung eines großzügigen Unternehmens und zur Förderung des allgemeinen Wohlstandes. Die Erkenntnis, aus eigener, vereinter Kraft dem Verfall des Handels und der Industrie entgegenzuarbeiten, hatte in Preußen den Verein zur Beförderung des Gewerbfleißes entstehen lassen. Nicht an letzter Stelle ist es den Bemühungen dieses Vereins zu danken, daß schon frühzeitig auf das Wesen und die Vorteile der Eisenbahnen in Preußen und weiterhin in ganz Deutschland von sachverständiger Feder hingewiesen wurde. Die Verhandlungen des Vereins enthalten eine Reihe für die Entwicklungsgeschichte der Eisenbahnen hochinteressanter Aufsätze. Ein derartiges eisenbahnförderndes Wirken einer größeren, ernsten Organisation fehlte in Sachsen. Es fehlte eine einheitliche, aus der Mitte von Handel und Industrie selbst geschaffene Vereinigung, welche die verfallenden, zersplitterten Kräfte gesammelt und kraftvoll zu gemeinsamer Arbeit aufgerafft hätte.

Anfänge solcher Organisationen.

Erst gegen Ende der 20 er Jahre traten Männer auf, die den Wert eines solchen Zusammenschlusses erkannten und zur Sammlung aufriefen. Ihr Programm enthielt ausdrücklich unter den Mitteln zur Hebung von Industrie, Handel und Gewerbe die Eisenbahnen. Doch waren die ersten Jahre dieser neuen Organisationen naturgemäß mit dem inneren Ausbau ausgefüllt; die Ausübung ihrer segensreichen Tätigkeit konnte somit eben auch erst ums Jahr 1833 einsetzen. Zwei solche Bestrebungen laufen nebeneinander her: die Gründung eines Industrievereins und die Errichtung eines polytechnischen Vereins für Sachsen. Beide sind wichtig im Rahmen dieser Entwicklung. Der polytechnische Verein verdankte sein Entstehen hauptsächlich der Wirksamkeit des Zehntners und Hammerwerksinspektors Traugott Leberecht Hasse aus Schneeberg[1]. Die

---

[1] Hasse war Herausgeber der schon erwähnten Elbeblätter und ist schon dadurch gekennzeichnet als ein eifriger Verfechter und Kenner wichtiger Handels-, Verkehrs- und Gewerbefragen.

erste vorbereitende Konferenz hatte am 6. Mai 1828 in Leipzig stattgefunden. Von den Mitgliedern interessieren besonders W. Seyfferth, Frege, Crusius, Dufour-Feronce, Männer, die später bei Gründung der Leipzig-Dresdner Eisenbahn hervorragend beteiligt waren. Der polytechnische Verein erstrebte in erster Linie die Hebung des Handwerkes, seine Mittel hierfür waren Verbreitung von besseren Kenntnissen (Sonntagsschulen) und Untersuchung der bestehenden Mängel und Schäden. Der Industrieverein hingegen vertrat die Interessen der größeren Fabriken, der Industrie. Versuche, beide Vereine zu verschmelzen, schlugen fehl, trotz der mannigfachen Berührungspunkte. Vogtländische und Chemnitzer Fabrikanten hatten die Anregung zur Errichtung des Industrievereins gegeben; die erste Besprechung fand am 20. Nov. 1827 in Plauen statt. In einer Eingabe an König Anton von Sachsen entwickelte der Verein seine Gedanken. Diese Eingabe[1] enthält eine Reihe Stellen, die recht geeignet sind, ein anschauliches Bild von der Stimmung der betreffenden Kreise in damaliger Zeit zu geben. „Schwer ist der Druck, unter welchem jetzt die meisten Zweige der sächsischen Fabrikindustrie darniederliegen. Seit länger als einem Jahrzehnt haben sie im Kampfe mit dem Auslande unaufhörlich den Kürzeren gezogen, ihr Betrieb verschlechtert sich tagtäglich, die geschicktesten Arbeiter und so manchen unternehmenden Fabrikbesitzer sehen wir in die Nachbarstaaten auswandern, und von vielen hört man die düstere Prophezeiung aussprechen, daß das von allen Seiten eingeengte, von allen Konsumsplätzen immer mehr ausgeschlossene Sachsen nicht länger die Heimat einer Industrie sein werde, welche ihm gleichsam angeboren zu sein schien und lange Zeit sich als die hauptsächlichste Quelle des vaterländischen Nationalreichtums bewährt hat. Doch wir wollen den Mut nicht verlieren und statt die Arme kraftlos sinken zu lassen, sie frisch erheben und alles versuchen, was dem drohenden Verfall der Fabrikindustrie vorbeugen und ihr Emporkommen vielleicht wieder möglich machen

---

[1] Kgl. Sächs. Hauptstaatsarchiv, Loc. Nr. 11172, die Errichtung eines Industrievereins für das Kgr. Sachsen betr.

kann. . . . Eine große Rolle sehen wir in diesen Zeiten Gesell=
schaften, wie die von uns projektierte, spielen. Es ist natürlich,
daß, je verwickelter und schwieriger die Handels= und Gewerbs=
verhältnisse werden, die Wichtigkeit allgemeiner Förderungs=
und Belebungsmittel, welche außer dem individuellen Wirkungs=
kreis des Geschäftsmannes liegen, und auf die er durch seine
individuelle Geschäftstätigkeit nicht einwirken kann, von Tag
zu Tag immer einleuchtender werden muß — von chaussierten
Landstraßen, Kanälen, Eisenbahnen usw. bis zu technischen
Verbesserungen aller Art usw., von Handelstraktaten bis zu
Gewerbschulen und polytechnischen Instituten, und welche Bei=
spiele man sonst aus der Galerie solcher Förderungs= und
Belebungsmittel entlehnen könnte. Wenn aber der praktische
Geschäftsmann sich einmal überzeugt, daß etwas Not tut, so
legt er gewiß auch Hand ans Werk, und so sehen wir fast
überall sich Gesellschaften der erwähnten Art bilden, auf die
Überzeugung gegründet, daß mit vereinten Kräften die Felder
gleichsam, worauf die Industrie ihre Tätigkeit entfaltet, über=
haupt und im ganzen angebaut werden, daß in vieler Beziehung
Alle für Einen und Einer für Alle wirken müssen, wenn die
Geschäftstätigkeit der einzelnen gute Früchte bringen solle, und
Erfolge hervorbringen, woran, wenn sich jeder in seinem Kreise
eingeschlossen gehalten hätte, wenn die Kräfte vereinzelt ge=
blieben wären, nie hätte gedacht werden können." An dieser
Eingabe ist besonders bemerkenswert einmal die frische Zu=
versicht, aus eigener Kraft wieder emporzukommen, und zweitens
die ausdrückliche Hervorhebung der Eisenbahnen in der Reihe
der Förderungsmittel. Es beweist dies, daß sich in den sächsi=
schen Industrie= und Handelskreisen bereits in diesen frühen
Jahren die Erkenntnis für die Bedeutung der Eisenbahnen
verbreitet hatte. Es beweist aber auch anderseits, daß man
eben erst eine Sammlung der Kräfte vornehmen mußte, um
derartig große Unternehmen anzulegen. In einer Konferenz[1]
einiger Mitglieder des Industrievereins in Lichtenstein am

---

[1] Kgl. Sächs. Hauptstaatsarchiv, Loc. Nr. 11 172, S. 123 ff.

16. November 1828 stand die Frage zur Beratung, wie und womit der Industrieverein beginnen solle, um auf eine würdige und die öffentliche Meinung gewinnende Art aufzutreten. Ausdrücklich wurde hierbei die Aufgabe aufgestellt, der Industrie die Mittel wohlfeiler zu verschaffen, wie z. B. wohlfeileres Brennmaterial durch Anlegung von Eisenbahnen nach den Steinkohlengegenden als auch für den Lebensunterhalt, namentlich der arbeitenden Klassen. Von dem Industrieverein ging tatsächlich später, 1835, die Anregung zur zweiten großen, eingehender erörterten sächsischen Eisenbahn — der sogenannten Erzgebirgischen — aus. Sie hat viel Aufsehen erregt und ihre eingehenden Vorarbeiten wurden sehr bewundert. Die Bahn wurde jedoch damals in der geplanten Weise nicht ausgeführt.

2. Die Spezialfragen.

Die Geldfrage.

Den für die praktische Ausführung wichtigsten Hintergrund in der Sammlung der zerstreuten Kräfte bildete die damit verbundene Sammlung der zerstreuten Gelder. Die Eisenbahnen erforderten für ihren Bau so große Kapitalien, daß viele die Beschaffung dieser Kapitalien für eine der Hauptschwierigkeiten ansahen. Ja man glaubte, die in Teutschland vorhandenen Barmittel seien nicht ausreichend für den Bau der Eisenbahnen. Es war eine der Hauptaufgaben der für den Eisenbahngedanken tätigen Männer, auf die Bedeutung des Kreditwesens und dessen — bisher wenig entwickelten — Ausbau hinzuweisen. Die Frage der Finanzierung der ersten Eisenbahnen ist eins der interessantesten, aber zugleich umfangreichsten Sonderkapitel der Eisenbahngeschichte. Mannigfach sind die Vorschläge, die in dieser Hinsicht gemacht worden sind, mannigfach die eingeschlagenen Wege. Es würde im Rahmen dieser Abhandlung ganz unmöglich sein, der Geldfrage eine ihrer Bedeutung entsprechende, erschöpfende Darstellung zu geben. Diese müßte z. B. die Fragen der Staatsbeteiligung, das Bankwesen, Kreditwesen, die Staatspapiere, Kassenscheine, Kreditvereine usw. nach ihrem damaligen Stande und Entwicklung umfassen und in ihrer Beziehung zu den Eisenbahnen abwägen; sie müßte ferner die zahlreichen, gegensätzlichen Vorschläge gegenüberstellen und kritisch erörtern. Die vorliegende Arbeit muß sich deshalb darauf beschränken, ausdrücklich auf die Bedeutung der Finanzfrage und der in ihrer Lösung liegenden Schwierigkeit hinzuweisen. Gerade Sachsen ist ja in dieser Beziehung einen eigenen, neuen Weg gegangen durch die Ausgabe der Kassenscheine für die Leipzig-Dresdner Bahn. In Sachsen war es — außer List — vor allem der Elberfelder Kaufmann Schmitz [1], der die Geldfrage eingehender in Aufsätzen und Schriften erörterte. Besondere Vorschläge von ihm sind Kreditvereine, Zinsenlotterie, Transportbilletts, wachsende Scheine, Lieferung von Material und Arbeit als Einzahlung ins Aktienkapital.

Der Widerstand einzelner Berufskreise.

Zu den Gründen, die den Entschluß der ohnedies schwankenden Zeitgenossen verzögerten, kamen die Widerstände einzelner Berufskreise gegen das neue Unternehmen. Fast in allen eisenbahngeschichtlichen Abhandlungen werden sie erwähnt und oft mit besonderem Wohlgefallen an einigen recht drastischen Fällen erläutert. Oftmals nehmen sie die Form der Anekdote an und erscheinen dem Leser dadurch mehr von scherzhafter als von ernster Seite. Und doch sind sie keineswegs so harmlos aufzufassen. Von den betroffenen Kreisen — wie Fuhrleute, Wirtsleute, Wagenbauer, Schmiede, Sattler, Pächter usw. — ist die Eisenbahnfrage als bitter ernste Existenzfrage aufgefaßt und verfochten worden. Allein die Tatsache kann dies beweisen, daß die wichtigsten Werbeschriften damaliger Zeit es für notwendig

---

[1] Schulze in Voigtländers Quellenbüchern, Nr. 1, S. 13 bemerkt, es sei bisher unmöglich gewesen, über die Persönlichkeit von J. W. Schmitz Näheres festzustellen. Forschungen des Verf. in dieser Hinsicht (beim Caßler Ratsarchiv, beim Elberfelder Ratsarchiv und beim Bergischen Geschichtsverein) haben gleichfalls keine näheren Aufschlüsse geben können. In dem Aktenstück E XXIII des Verkehrsmuseums in Nürnberg (Bund der Völker für Gewerbe und Handel betr.) ist Schmitz — anscheinend eigenhändig — als Kaufmann unterzeichnet.

erachten, ganz eingehend gegen diese Bedenken anzukämpfen oder sie zum mindesten an hervorragender Stelle zu erwähnen. So beginnt Grote sein Abhandlung[1] mit den Worten: „Die Zeiten, wo man als Haupteinwand gegen Eisenbahnanlagen die Befürchtung ansah, daß die Warenzüge zu schnell durch das Land gehen würden, daß nicht mehr so viel Verdienst durch Zehrung von Frachtfahrern, durch Vorspann, zerbrochene Wagen, gequälte Pferde usw. im Lande stattfinden werde ... sind durch die Belehrung und die Gewalt der Umstände glücklich überstanden." Auch List z. B. weist in seinem Eisenbahnsystem und in seinem Aufruf die Einwendungen einzelner Gewerbe ausdrücklich zurück. In Sachsen traten in dieser Hinsicht keine bemerkenswerten Unterschiede gegen die aus anderen Staaten bekannten Fälle auf. In der ihrer ganzen Tendenz entsprechenden kritisch-satirischen Art schrieb die „Konstitutionelle Staatsbürgerzeitung" (21. November 1833) im Hinblick auf die Leipzig-Dresdner Bahn: „Ein drohendes Unwetter zieht uns diese Eisenbahn unabwendbar herauf, es ist — eine Lohnkutscheremeute; schon höre ich fernes Kanonengebrüll und wiehernder Rosse Getrabe (Heine) und erblicke die Verderben drohenden Gastwirte und Lohnkutscher im Geiste auf ihren kühnen Streitrossen. Quod dii bene vertant!" „Die Pächter[2], welche die ängstlichsten und zugleich die kurzsichtigsten von allen Menschen sind, fürchten, daß man keine Pferde mehr gebrauchen wird; das ist sehr zweifelhaft, man wird vielleicht deren noch mehr bedürfen, sollte man aber auch wirklich keine Pferde mehr gebrauchen — was ist daran gelegen? Man wird alsdann weniger Hafer bedürfen und es wächst dann mehr Weizen für die Menschen und mehr Klee für die Schafe." Dieser letzte Gedanke war ein Lieblingsgedanke damaliger Zeit. Man rechnete, daß für ein Pferd zur Ernährung soviel an Grund und Boden gebraucht würde wie für acht Menschen[3]. Die Landeigentümer

---

[1] Grote, Über ein Eisenbahnsystem für Deutschland, Göttingen 1834.
[2] Sachsenzeitung 1832, Nr. 197.
[3] Nach Adam Smith. Siehe: Verhandlungen des Vereins zur Beförderung des Gewerbfleißes in Preußen, 1831, S. 223 ff.

befürchteten, daß die Eisenbahnen zu sehr ihre Besitzungen durchschneiden, daß die Dampfmaschinen ihre Bäume, Häuser und Kornfelder in Brand stecken könnten[1]. Die Furcht vor den Dampfwagen war allgemein verbreitet. Man fürchtete sich vor den Explosionen der Dampfkessel und man hatte Angst, von den rasch dahineilenden Ungetümen überfahren zu werden. Besonders beunruhigend wirkte hier der Tod des — eisenbahnfreundlichen — englischen Ministers Huskisson, der bei der Eröffnung der Liverpool-Manchester-Bahn überfahren wurde. Baader sah sich veranlaßt, in einem besonderen Schriftchen[2] anzukämpfen gegen die große Abneigung, die aus jenem Unfalle gegen die Eisenbahnen erwuchs. Ebenso weist List im Eisenbahnsystem ausdrücklich auf die Nichtigkeit dieser Bedenken hin. Die ganze Lokomotivfurcht hätte eigentlich — wie später zu zeigen ist — namentlich in den zeitigeren Jahren mit der prinzipiellen Frage der Eisenbahngründung nichts zu tun gehabt. Doch verbanden die ängstlichen Gemüter diese Unfälle bei der Unklarheit der Begriffe mit den Eisenbahnen an sich. Deshalb waren die Widerlegungen von List, Baader u. a. nötig; deshalb mußte auch an dieser Stelle diese Tatsache kurz erwähnt werden.

Der ungünstige Einfluß der böhmischen Mißerfolge.

Die englischen Vorbilder waren es gewesen, welche die beiden Gerstner zum Bau der böhmischen Bahnen angeregt hatten; die böhmischen Vorbilder hätten — so sollte man meinen — eisenbahnfördernd auf das benachbarte Sachsen wirken sollen. Doch dem war nicht so. Gerade das Gegenteil trat ein. Es hatte sich beim Bau der Budweis-Linzer Bahn gezeigt, daß das große Unternehmen nach ursprünglicher Planung und Kostenanschlag nicht durchführbar war. Man hatte deshalb im zweiten Bauabschnitte wesentlich andere Ausführungsgrundsätze eingeführt, an Stelle von Gerstner trat Schönerer. Der große Plan einer Prag-Pilsner Eisenbahn

---
[1] Bibliothek der Neuesten Weltkunde von Malten, I, S. 185.
[2] Baader, Huskisson und die Eisenbahnen, München 1830.

kam überhaupt nur bis Lana zur Ausführung. Die Kosten=
überschreitungen der ersten Bahn und die Ungewißheit ihrer
Rentabilität[1], der Mißerfolg der letzteren Bahn wirkten lähmend
auf die sächsische Unternehmungslust ein. Von Sachsen aus
hatte man die Entstehung und Entwicklung mit großem Inter=
esse verfolgt. Unter den Häusern, die Aktienzeichnungen für
Prag—Pilsen annahmen, befand sich auch das Leipziger Bank=
haus Frege & Co. In der Sitzung der ersten Kammer des
sächsischen Landtages vom 28. Nov. 1833 machte Prinz Johann
darauf aufmerksam, daß die von Gerstner angelegte Eisenbahn
habe den Erwartungen nicht entsprochen. Er antwortete da=
mit auf den Vorschlag des Kammermitgliedes D. Weber, die
Staatsregierung werde mit Vorteil den Rat und die Erfahrung
des Ritter von Gerstner benutzen[2]. In der zweiten Kammer
des sächsischen Landtages erklärte der Abgeordnete Schütze am
7. Dezember 1833, ihm erscheine es zweifelhaft, ob überhaupt
Eisenbahnen in Deutschland mit Vorteil benutzt werden könnten.
In Österreich, namentlich hinsichtlich der von Budweis nach
Linz führenden Eisenbahn, habe man keine sehr erfreulichen
Resultate davon erlebt, und die nach Prag führende Eisenbahn
habe sich für den Unternehmer nichts weniger als gewinnreich
erwiesen. Diese ersten Landtagsverhandlungen geben in den
verschiedenen Stellungnahmen der Abgeordneten ein anschauliches
Bild von den vorhandenen Stimmungen. Sie werden z. B.
bei der Umgehungsfrage noch besonders anzuführen sein. Ähn=
liche Manungen erklangen aber in gleicher Weise auch in den
Zeitungen. Die Beispiele der Eisenbahnunternehmungen, die
bis jetzt vorlägen, seien eher Warnungen, vorsichtig und genau
prüfend zu Werke zu gehen als blind nachzuahmen: die Bahn
von Budweis nach Linz bringe 2—3 Prozent auf, die Bahn
von Prag nach Pilsen sei gänzlich verlassen worden[3]. Es

---

[1] Die insbesondere durch die Auflösung des Salztransportvertrages am
1. Nov. 1829 hervorgerufen war; vgl. Gerstner, Mechanik I, S. 661, 1831.

[2] Im allgemeinen trat jedoch Prinz Johann für die Eisenbahnen
ein und hat sein großes Interesse später mehrfach bewiesen.

[3] Konstitutionelle Staatsbürgerzeitung, 17. Dez. 1833.

bedurfte der eifrigsten Agitationsarbeit von seiten der Eisen=
bahnanhänger, die lähmende Wirkung dieser Mißerfolge zu
verdrängen.

Die Umgehungsgefahr.

Da tauchte in dieser von Bedenken und Unentschlossenheit
erfüllten Zeit ein Gespenst auf, dessen Erscheinen vielleicht
mehr als alles Werben in Wort und Schrift den Sachsen und
insbesondere den Leipzigern die Augen geöffnet hat: die Um=
gehungsgefahr. Leipzig war bisher dank seiner Lage der
Zentralpunkt des deutschen Handels gewesen. Durch Leipzig
zogen die Waren von Frankreich nach Rußland und jene von
der Nordsee nach Triest. Leipzig verdankte seiner Lage am
Abhange des Erzgebirges und am Anfange der Ebene die
Stellung als Sammelpunkt aller der Güter, die aus der Ebene
zusammenströmten, um den Weg zu nehmen über das Gebirge
nach Böhmen, nach Wien mit seinem Donauverkehre und nach
Triest als Hafen des Orients. So war es der Vermittlungs=
punkt zwischen den beiden europäischen Handelssystemen: dem
nördlichen mit seinen Beziehungen zum Ozean und zur neuen
Welt und dem südlichen am Mittelmeer und Orient. Die
Strahlen: Hamburg—Bremen—Hannover—Magdeburg—Leip=
zig, Berlin—Magdeburg—Leipzig, Frankfurt a. M.—Leipzig
einerseits und Leipzig—Südbayern, Leipzig—Prag, Leipzig—
Schlesien anderseits waren alte, den geographischen Verhält=
nissen entsprungene Handelswege, die bis dahin Leipzigs
Vorzugsstellung begründet hatten. Jetzt drohte der neue, an
keine Überlieferung gebundene Verkehrsweg diese Stellung zu
erschüttern. Eins hatte die Natur Leipzig versagt: den schiff=
baren Strom. Seine Größe beruhte einzig auf dem Land=
transporte. Doch überall regte es sich in deutschen Landen,
eben diesem Landtransporte neue, bessere Wege zu schaffen.
Durfte da Sachsen untätig zusehen, wie andere in regerem
Unternehmungsgeiste diese neuen Straßen durch ihre Länder
und Städte zu leiten suchten und damit den Warenzug an sich
rissen? Es war eine Frage bitterster Konkurrenz, ja eine
Existenzfrage, die hier den sächsischen Handelskreisen vorgelegt

wurde. Die politische Teilung hatte Leipzig in eine isolierte
Ecke gestellt. Um so größer war die Gefahr, daß die neuen
Eisenbahnen von Nord nach Süd und von Ost nach West
nicht durch Leipzig, sondern haarscharf an seinen Toren vorbei-
eilen würden. Solche Umgehungsgedanken sind schon frühzeitig
aufgetaucht und in sächsischen Kreisen erkannt worden. Am
26. November 1829 schrieben die Handlungsdeputierten und
Kramermeister in Leipzig an die Leipziger Stadtbehörde[1]:
„Ew. pp. ist nicht entgangen, wie sehr insonderheit der Transito-
und Speditionshandel unserer Stadt in neuerer Zeit gesunken
ist. Unser Handelsplatz wird gegenwärtig von seinen früheren
Kunden und Abnehmern nach allen Richtungen hin gemieden
und umgangen, und namentlich beziehen die Städte und Ort-
schaften des Inlandes wie des benachbarten Auslandes den
gesamten Kolonialwarenbedarf direkt von Magdeburg . . .
Überhaupt entwickeln sich die nachteiligen Folgen mehr und
mehr, welche insbesondere die freie Schiffahrt auf der Elbe
wie die Anlegung neuer Kommunikationsstraßen im Innern
Deutschlands mit Umgehung Leipzigs für dessen Handel herbei-
geführt haben." Im Oktober 1832 schlug ein Dr. F.[2] eine
Eisenbahn zwischen Nord- und Süddeutschland vor, ausgehend
von den Plänen des Main-Donaukanals[3]. Sein Weg führte
von Kelheim über Bamberg—Kassel zur Weser oder über
Bamberg—Koburg—Meiningen zur Weser, also nicht über
Leipzig. Auch Grote[4] weist darauf hin, der Weg von Magde-

---

[1] S. Moltke, Zwei Kapitel aus Leipzigs Handels- und Verkehrsgeschichte, Leipzig 1912, S. 35 f.

[2] Dr. Fick nach Angaben im Aktenheft E XXIII, Nr. 7 des Verkehrsmuseums in Nürnberg, den Bund der Völker für Gewerbe und
Handel betr.

[3] Allgemeiner Anzeiger und Nationalzeitung der Deutschen, Gotha,
Okt. 1832 „Deutsche Eisenbahnen". Daraus der Satz: „Die Verbindung
mit dem Stromgebiet der Donau kann in der Folge noch wichtiger
werden, wenn aus der, wahrscheinlich bald in Trümmern zerfallenden
europäischen Türkei die Ausmündung des Donaustromes ins schwarze
Meer gebildeten Staaten zufällt."

[4] Grote, Über ein Eisenbahnsystem für Deutschland, Göttingen
1834, S. 35.

burg nach Rudolstadt über Leipzig sei eigentlich ein Umweg.
Ein besonders gefährlicher Konkurrent erwuchs Leipzig, eben
in seiner Stellung als Kreuzungspunkt der Nord-Süd- und der
Ost-West-Linien, in der Stadt Kassel. Kassel kann in seiner
Zentrallage in vieler Beziehung recht wohl mit Leipzig ver=
glichen werden. Die neue Nord-Südstraße stand vor der
Wahl, den Harz und Thüringen westlich oder östlich zu um=
gehen. Die Entscheidung über diese Frage entschied zugleich,
ob die West-Ostlinie in Kassel oder in Leipzig geschnitten
wurde, d. h. welcher der beiden Orte nunmehr der Zentral=
punkt des deutschen Handels werden sollte. In Kassel war
1832 ein Bund der Völker für Handel und Gewerbe gegründet
worden mit der Aufgabe, durch Zusammenschluß der Kräfte
und durch Organisation der Kapitalien und des Kredits die
Erleichterung des Verkehrs zwischen den Völkern herbeizuführen
durch Erbauung neuer Straßen, Kanäle und Eisenbahnen.
Einer der tatkräftigsten Männer in diesem Bunde war der
Elberfelder Kaufmann J. W. Schmitz. Schmitz mag wohl
durch die eigene Anschauung der Elberfelder Modellbahnen
und durch unmittelbare Berührung mit den Bestrebungen eines
Fr. Harkort und eines Henschel dazu angeregt worden sein,
ein Vorkämpfer für die Eisenbahnen in Deutschland zu werden.
Das — in diesem Zusammenhange — Interessanteste an seinem
Wirken ist, daß er in gleicher Weise wie in Kassel auch in
Leipzig als Prediger des Zentralpunktes aufgetreten ist. Er
hat durch sein Treiben und Drängen den Konkurrenzkampf
beider Städte erst kräftig entflammt; seine Absicht dabei war,
durch den Wettlauf die Einführung der Eisenbahnen überhaupt
zu fördern. In der Sachsenzeitung, in der Konstitutionellen
Staatsbürgerzeitung der Jahre 1833 und 1834 erschienen
wiederholt Aufsätze aus seiner Feder. Am 3. März 1833
erklärte Dr. Pinhas in einem Vortrage in Kassel[1]: „Wer die
Initiative ergreift, wer am frühesten zum Praktischen gelangt,
wer den ersten Stein legt, dem werden die andern sich an=

---

[1] Pinhas, Einige Bemerkungen über Handelsstraßen und Eisen=
wegebau, Kassel 1833, S. 13.

schließen. . . . So wird sich denn die Bahn zwischen den Punkten fortbewegen, wo die früheste Tätigkeit sie hingezogen. . . . Für uns gilt es also bloß, zu erwägen, ob, wenn die Eisenbahn einmal entstanden ist, wir besser versorgt sein werden, wenn wir frühzeitig einen ihrer vornehmsten Punkte abgeben, oder wenn wir neugierig abwarten, ob wir etwa rechts oder links zur Seite liegen bleiben. . . . Wir liegen schon an dieser Straße, in der Mitte Deutschlands, zwischen Hannover und Bayern, zwischen Frankreich und Preußen, zwischen Hamburg und Wien." Diesen, auf Kassel zugeschnittenen Vortrag veröffentlichte die Sachsenzeitung zum Teil[1], mit dem Zusatze, diese Erörterungen hätten für kein Land höheres Interesse als für Sachsen. Hier würden alle Verbindungen von Westen nach Osten, von Norden nach Süden sich durchkreuzen. Längs der Kontinentaleisenbahn würden wie an einem großen Strome blühende Städte entstehen oder diejenigen Städte aufblühen, denen es gelänge, diese stromgleichen Straßen an ihren Mauern vorbeizuziehen. In einem anderen Aufsatze würde gezeigt werden, wie Leipzig der Zentralpunkt künftiger Handelsstraßen sein müsse. Dieser andere Aufsatz[2] behandelte eben die mehrfach angedeutete Kreuzung der Nord=Süd=Linie mit einer solchen zwischen den Meßplätzen Frankfurt a. M. und Leipzig bzw. Frankreich und Rußland. Die Gefahr, welche Kassel bot, lag nicht allein in der Stellung als künftiger Zentralort, sondern auch in der Nähe der Handelsstadt Frankfurt a. M. Frankfurt hätte unbedingt einen Vorsprung vor Leipzig gewonnen, wenn es gelungen wäre, den Kreuzungspunkt in seine Nähe zu legen. Daß man die Kasseler Bestrebungen ernstlich als Gefahr anzusehen hatte, das wurde den Leipzigern nachdrücklich vor Augen geführt durch Veröffentlichung einer Kasseler Bittschrift[3]. Sie sollte warnend zeigen, wie lebhaft andere Orte

---

[1] Sachsenzeitung 1833, Nr. 153.
[2] Sachsenzeitung 1833, Nr. 157. Kontinental=Eisenbahn=System in bezug auf Leipzig als Zentralort der Verwaltung und geographisches Zentrum der Eisenbahnen.
[3] Sachsenzeitung 1833, Nr. 307. Entwurf einer Bittschrift an Seine Hoheit den Kurprinzen Mitregenten.

suchten, die Eisenbahnen an sich zu ziehen und Zentralpunkt zu werden. Bei diesem allseitigen Eifer dürfe deshalb Leipzig nicht zögern, sondern müsse möglichst schnell suchen, seinen Vorteil zu erreichen durch Handeln. — Es ist ein unbestreitbares Verdienst dieser Aufsätze und insbesondere von Schmitz, die Bedeutung dieser Gedanken den weiteren Kreisen klargelegt zu haben. Das Vordringen der Erkenntnis: „Wer zuerst anfängt, dem werden die andern sich anschließen" ist eins der wichtigsten Momente in der Eisenbahngeschichte Sachsens und hebt die Bedeutung der Leipzig-Dresdner Bahn weit über die einer rein lokalen Verbindung zweier Städte heraus. Die Folgezeit hat die Richtigkeit dieser Erkenntnis bestätigt, sie hat Leipzig für lange Zeit die Stellung als Zentralort gerettet. Erst die spätere Zeit hat mit dem Ausbau des deutschen Eisenbahnnetzes die Umgehungsfrage wieder erwachen lassen. Sie steht somit am Anfange der ganzen sächsischen Eisenbahngeschichte und wird dementsprechend in den Werken über die Leipzig-Dresdner Bahn — allerdings nur in kurzen Andeutungen — erwähnt. Sie steht aber in gleicher Wichtigkeit am Ende der Vorgeschichte. Einige Äußerungen aus den schon erwähnten Landtagsverhandlungen [1] zeigen sie in dieser Zwischenstellung. Ganz offensichtlich unter dem Einflusse der Schmitzschen Aufsätze steht der Abgeordnete Runde: „Nachdem was bereits zur Empfehlung dieser Unternehmung so treffend geäußert worden ist, finde ich mich bloß noch veranlaßt, auf die großen Vorteile hinzuweisen, welche sich mit einem solchen Vorhaben da verbinden, wo damit zuerst der Anfang gemacht wird. Wahrscheinlich dürfte eine Eisenbahn, die zwischen Leipzig und Dresden in das Leben tritt, die Folge haben, daß sich Fortsetzungen derselben auf den Routen nach Frankfurt, ja Verbindungen zwischen Berlin und München über Magdeburg und Leipzig anknüpfen." Der Abgeordnete von Mayer wies insbesondere auf die preußische Umgehung hin und schlug zu deren Vermeidung diplomatische Verhandlungen mit Preußen vor.

---

[1] Sitzung der 2. Kammer vom 7. Dez. 1833.

In ähnlicher Weise zeigt auch die spätere Landtagsverhandlung über das Enteignungsgesetz für die Leipzig-Dresdner Eisenbahn[1] die Erkenntnis der Umgehungsgefahr.

Die Stellung des Staates.

Welche Stellung nahm nun in dieser Entwicklungsperiode der sächsische Staat? Noch keine. Denn nirgends finden sich Grundlagen, die auf eine offizielle Stellungnahme der Regierung — in fördernder oder ablehnender Hinsicht — hinweisen könnten. Die Eisenbahnfragen sind vielmehr in privaten Verhandlungen erörtert worden. Zur gleichen Ansicht ist auch S. Moltke gekommen[2]. In der Angelegenheit der Leipzig-Magdeburger Bahn (1829) nahm man zwar mit höheren Behörden Fühlung, aber nur mündlich und vorläufig, und diese haben den Anfragenden tunlichste Beförderung dieses Unternehmens angeraten[3]. Der sächsische Staat war in den Freiheitskriegen mit den politischen Verwicklungen, darnach mit den notwendigen inneren Neuordnungen, mit den Verfassungsfragen und den zollpolitischen Verhandlungen reichlich beschäftigt. Dabei ließ er sich gleichzeitig die Förderung von Handel, Gewerbe und Verkehr weitgehend angelegen sein. Seine Mitarbeit an der Elbschiffahrtsakte, die Verbesserung des Postwesens, der Ausbau des Straßennetzes (insbesondere der von den Zeitgenossen sehr anerkannte Bau der Muldenbrücke bei Wurzen), die Gründung des polytechnischen Institutes in Dresden, der Beitritt zum Zollverein beweisen seine rege Tätigkeit in dieser Richtung. Die Anlegung der Eisenbahnen jedoch gehörte nicht zu seiner Aufgabe. Man betrachtete die Eisenbahnen gleichsam als ein kaufmännisches Spekulationsgeschäft, dessen Gefahren der Staat die Steuergelder seiner Bürger nicht opfern dürfe. Dem Staate falle höchstens zur Förderung des Unternehmens die Oberaufsicht, die Verhandlungen mit Nachbarstaaten usw. zu. Denn Beiträge der Re-

---

[1] Sitzung der 2. Kammer vom 22. Okt. 1834.
[2] S. Moltke, Zwei Kapitel usw., Leipzig 1912, S. 33.
[3] S. Moltke, a. a. O., S. 36.

gierungen müßten durch erhöhte Steuern der Bürger aufgebracht werden. Der Staat habe aber vielmehr die Aufgabe, die Steuerlast zu verringern als sie noch zu erhöhen[1]. Diese und ähnliche Anschauungen waren die vorherrschenden in damaliger Zeit. „Chausseen sind überall wohltätig, Eisenbahnen aber sind Frachtmonopole in den Händen der Unternehmer[2]." „Die Regierungen haben viel zu viel anderweite Geschäfte; ihr Geschäftsgang ist seiner Natur nach viel zu schwerfällig und ihre Geschäftsführer sind viel zu wenig dabei beteiligt, als daß von ihnen etwas Ersprießliches zu erwarten stünde[3]." In allen Eisenbahnaufsätzen klang die Mahnung durch, die betreffenden Kreise sollten sich selbst zum Bau aufraffen; nirgends dagegen der Ruf nach der Hilfe des Staates. Man wollte — bewußt oder unbewußt — die drei Elemente: Geld, Recht und Arbeitskräfte, die sich in den Eisenbahnen vereinen müssen, verteilt in deren Hände legen, die nach den bisherigen Erfahrungen die berufensten Besitzer waren: das Geld dem Kaufmann, das Recht dem Staate, die Arbeitskraft dem arbeitenden Volke. „Es müssen aber die Eisenbahnen Sache des Volkes und aller Staatsbürger und der für sie konstituierten Gesellschaften bleiben; die Regierung darf keineswegs um besondere Teilnahme oder Unterstützung angegangen werden. Es ist ihre Unterhandlung mit anderen Staaten, ihre Oberaufsicht, ihre Garantie völlig genügend[4]." Die Tätigkeit des Staates setzte in Sachsen erst ein, als ihm von Privatkreisen die Grundlagen zur Anlegung der Leipzig-Dresdner Eisenbahn vorgelegt wurden. Das Kgl. Hauptstaatsarchiv in Dresden enthält keine Akten über Eisenbahnangelegenheiten aus der Zeit der Vorgeschichte, desgleichen nicht die Ministerien der Finanzen und des Inneren sowie die Kreishauptmannschaften in Dresden und Leipzig.

[1] Sachsenzeitung 1833, Nr. 296.
[2] Konstitutionelle Staatsbürgerzeitung, 1833, Nr. 201.
[3] Aufruf an die deutschen Bürger aus dem Allgemeinen Anzeiger der Deutschen, abgedruckt aus der Augsb. Allg. Ztg. vom 19. Jan. 1833 (s. Schulze, Voigtländers Quellenbücher, Nr. 1, S. 14).
[4] Sachsenzeitung 1833, Nr. 292.

Zweiter Abschnitt.

Die technischen Grundlagen.

Allgemeines.

Neben der Frage: „Soll überhaupt eine Eisenbahn gebaut werden?" stand die zweite: „Wie soll die Eisenbahn gebaut werden?" Gleich wichtig wie jene und gleich jener umgeben von einer Fülle von Bedenken und Unklarheiten. Schritt für Schritt traten diese dem entgegen, der sich ernster mit Eisenbahngedanken befaßte. Zu den bisherigen, durch lange Erfahrung bewährten Transportmitteln — dem Lastwagen der Landstraßen und dem Lastschiffe der Wasserstraßen — gesellte sich die Eisenbahn, die mit ihrer Spurbahn[1] eine Reihe

---

[1] Das Entscheidende für den Begriff der Eisenbahnen ist die Spurbahn. So handelte es sich bei den ersten Eisenbahnprojekten auch lediglich um Herstellung einer solchen im Gegensatz zu den Straßen, auf denen die Fuhrwerke frei beweglich waren. Die fortbewegende Kraft sollte zunächst — als ganz selbstverständlich — die gleiche bleiben wie vorher, Menschenkraft, Pferde, Maulesel. So sind die ersten in deutschen Landen gebauten und projektierten Bahnen bis einschließlich Nürnberg—Fürth Pferdebahnen gewesen. Die Einführung einer besseren Zugkraft, des Dampfes, war lediglich ein weiterer Schritt in der Eisenbahnentwicklung, sie bildete dagegen keine von den prinzipiellen Fragen, die bei der ersten Einführung der Eisenbahnen in einem Lande eine ausgesprochen fördernde oder hemmende Rolle gespielt hätte. Die Wahl der Zugkraft war eine Frage, die erst mit dem Entschlusse zur Ausführung kam, auf den Entschluß selbst hatte sie keinen Einfluß. So wird sie auch in den zeitgenössischen Schriften, die für den Eisenbahngedanken werben, nicht erörtert. Deshalb ist sie in einer Entwicklung, wie sie die vorliegende Arbeit geben soll, völlig auszuschalten.

Neuerungen brachte, für die es erst Erfahrungen zu sammeln
galt. England war das Land, in dem diese Erfahrungen für
Europa zuerst gewonnen wurden; die englischen Bahnen waren
deshalb auch das Ziel der Studienreisen fast aller der Männer,
die in Deutschland Vorkämpfer des Eisenbahngedankens gewesen
sind. Aber gerade Männer wie Fr. Anton v. Gerstner und
Baader konnten sich nicht zu sklavischer Nachahmung dieser
Vorbilder entschließen; nach eigenen Gedanken gestalteten sie
dieselben um. Baader hat zweifellos durch seine erfinderische
Tätigkeit gewaltig im Interesse des Eisenbahngedankens gewirkt. Ob er aber mit seinen, in starrem Dünkel verfochtenen,
gekünstelten Entwürfen die Einführung der Eisenbahnen ge-
fördert oder aufgehalten hat, mag dahingestellt bleiben [1]. Ein
zeitgenössisches, abfälliges Urteil [2] über derartige eigene Bahn-
systeme schrieb: „Sklavisch den englischen Vorbildern nachahmen
zu wollen, wäre ein unverständliches Handeln; aber noch

---

[1] Baader verwarf die Führung der Wagen auf den Spurwegen
sowohl nach Art der railroads durch die Räderspurkränze als auch nach
Art der tramroads durch die senkrechten Schenkel der Schienen. Er sah
in beiden Anordnungen den Grund zu starken Seitenreibungen und
Verschmutzungen, mithin zu großen Bewegungswiderständen. Auch verwarf er die breite, der ortsüblichen Wagenspur angepaßte Spur, da sie
zu viel Fläche, insbesondere auf den Landstraßen, beanspruchte. Er setzte
an deren Stelle einen schmalspurigen Schienenweg, auf dessen flachen
Schienen glatte Räder liefen. Die Führung des Wagens übertrug er
mehreren horizontalen Führungsrollen, den sogenannten Friktionsrollen,
die an besonderen vertikalen Leitflächen des Spurweges entlangliefen.

Man könnte dem Prinzipe nach die Baadersche Bahn den railroads
zuweisen, da die Spurhaltung vom Wagen und nicht von den Schienen
besorgt wurde; ob die Vorrichtung hierzu in Form von Spurkränzen an
den Rädern oder in anderer konstruktiver Durchbildung angebracht war,
ist schließlich gleichgültig. Aus gleicher Begründung wird man auch die
Streckenförderung mittels des deutschen Huntes der Freiberger Gruben
zu den railroads rechnen: Räder und Schienen ohne Vorsprünge, die
Führung ist durch eine einfache Gabel am Wagen erreicht. (Zeichnung
im Rißarchiv des Bergamtes zu Freiberg M 3.) Der deutsche Hunt steht
im Gegensatz zum ungarischen Hunt und zum englischen Wagen.

[2] Dr. Egen in den Verhandlungen des Vereins zur Beförderung
des Gewerbfleißes in Preußen, 1833, S. 286.

törichter ist es, die gewonnenen Erfahrungen nicht benutzen zu wollen, und aus hohlem Dünkel die eigene Erklügelung, die vielleicht nur im Modell von wenigen Ellen lang, oder auf dem Papier erst die Probe bestanden hat, dem auf dem klassischen Boden der praktischen Mechanik zur Reife gediehenen Bausystem vorziehen zu wollen." Die Erwägungen technischer Art mußten ganz zweifellos — die eingehenden Erörterungen in der zeitgenössischen Literatur beweisen dies — neben denen wirtschaftlicher Art durchdacht werden und sind durchdacht worden. Sie haben entschieden in ihrer Ungewißheit die Einführung der Eisenbahnen bei der gleichzeitigen wirtschaftlichen Unschlüssigkeit verzögert[1]. Deshalb muß ihrer in den Hauptgedanken und unter besonderer Bezugnahme auf sächsische Verhältnisse — ohne dabei auf Einzelheiten eingehen zu können — auch in dieser sächsischen Vorgeschichte gedacht werden. Hand in Hand mit den Kaufleuten, mit den Nationalökonomen und den Staatsmännern arbeitete der Ingenieur an der Entwicklung des Eisenbahnwesens. Verfasser glaubt deshalb — in bewußtem Gegensatze zu ähnlichen Vorgeschichten — gerade auch den Fragen, die sich ihm entgegenstellten, einen breiteren Raum einräumen zu müssen, falls die Darstellung nicht einseitig sein soll. Einen schlagenden Beweis, daß tatsächlich die Fragen wirtschaftlicher und technischer Natur nebeneinander zu erörtern waren, bietet List in seinem Eisenbahnsystem.

Der Schienenweg.

In der damaligen Literatur[2] wurden die Eisenbahnen in drei Gattungen eingeteilt: 1. flache Schienenwege (railroads), bei welchen die Schienen flach oder etwas abgerundet und die Wagenräder mit Spurkranz versehen sind. 2. Schienenwege mit hervorstehendem Rande (tramroads[3]), wobei die

---

[1] H. v. Treitschke, Deutsche Geschichte im 19. Jahrh., IV. Band, S. 582: „Noch war man ja nicht einmal über die technischen Vorbedingungen einig."
[2] Z. B. Gerstner, Handbuch der Mechanik, I, Prag 1831; Kühne, Belehrungen usw. von Eisenbahnen, Quedlinburg 1834.
[3] Zur Streitfrage der Entstehung des Namens Trambahn sei folgende

Schienen mit einem aufrechtstehenden Rande versehen, die Wagenräder aber flach sind. 3. Palmers Schienenwege, welche nur eine, über dem Boden erhöht liegende Schienenreihe und zweiräbrige Wagen (Räder hintereinander) haben, deren Kästen zu beiden Seiten der Räder herabhängen. Zwischen diesen drei Arten galt es zu wählen. Am wenigsten kam die dritte in Frage; doch hat man ihr viel Interesse entgegengebracht[1]. Außer Anwendungen in England, Ungarn und Frankreich hat die Deutschen vor allem die Probebahn dieser Bauweise im Museumsgarten zu Elberfeld (1826) und die Bahn beim Festungsbau in Posen interessiert. Noch 1837 schlug das Leipziger Tageblatt vor, eben im Anschlusse an einen Bericht über jene Posener Bahn, es ließe sich vielleicht die schwebende Eisenbahn auf die projektierte Dürrenberger und Potschappeler Bahn anwenden. Als besonderer Vorteil dieser schwebenden Einschienenbahnen wurde gepriesen, daß zur Herstellung einer gleichmäßigen Bahnneigung nicht das Gelände auf- und abgetragen werden brauche, sondern daß die Geländeunterschiede durch höhere oder niedere Ständer ausgeglichen würden. Es mag dahingestellt bleiben, ob Palmer der Erfinder dieses Systemes ist oder andere, z. B. Bodmer.

Notiz aus dem Magazin der neuesten Erfindungen und Fortschritte usw. von Ahner (1. Band 1825/26, S. 32) angefügt: „Sehr oft findet man auch den Ausdruck „Tram-roads", und was das Seltsamste ist, kein Mensch will in London wissen, wer dieses Wort zuerst gebraucht hat. Ich habe mich an so viele wissenschaftliche Männer gewendet, aber keiner gab mir eine befriedigende Auskunft. Folgende Erklärung, welche mir ein berühmter Architekt gab, scheint mir noch die beste zu sein: „Trammel, schrieb er mir, — a confining means — a thing that governs, or circumscribes the actions of another thing: — the rail-way guides, or rules the progress of the carriage upon it, and is therefore a trammel-way, and, by abbreviation, a Tram-way, or Tram-road. Eine andere Ableitung ist von to tramp (on foot), welches man freilich vergeblich in den Wörterbüchern sucht, desgleichen tramp das Substantiv, sowie tramper. Bekannter ist to trample."

[1] Vgl. z. B. Elbeblatt 1828, S. 139; Hartmann, Enzyklop. Wörterbuch der Technologie, 1839; Gerstner, Handbuch der Mechanik, I, 1831, S. 622; Verhandlungen des Vereins zur Bef. d. Gewerbfl. in Preußen, 1835, S. 273.

Hartmann gibt, fußend auf Biots Werk über Eisenbahnen, Sargent in Boston als Erfinder an [1]. Baader hat in seinem Neuen System usw. (1822) bzw. in dessen Programm (1817) gleichfalls eine Hochbahn entworfen zur leichteren Ausgleichung der Geländewellen; doch war dies eine Zweischienenbahn mit vierrädrigen Fuhrwerken. Eine ernstliche Konkurrenz für die übliche Bauart der Eisenbahnen sind diese Gedanken nicht gewesen. Hier tobte der Kampf vornehmlich um die Frage: railroad oder tramroad? Diese aber hängt wieder zusammen mit der Frage: Sollen auf der Bahn die üblichen Landfuhrwerke von ortsüblicher Spurweite verkehren können oder soll die Bahn nur besondere Transportwagen führen? Eine besondere Art der railroads verdient Erwähnung, die für die deutschen Lande und insbesondere auch für Sachsen von Bedeutung war: der sogenannte amerikanische Oberbau. Dieser Oberbau kam hauptsächlich für die Länder in Betracht, in denen Holz billig, Eisen dagegen teuer zu beschaffen war; er hatte jedoch den Nachteil, daß die hölzernen Langschienen nach kurzer Zeit der Erneuerung bedurften. Die Anordnung eignete sich deshalb vorzüglich dazu, in holzreichen und eisenarmen Gebieten (wie z. B. Nordamerika) zunächst die Bahn mit billigen Anlagekosten vorzustrecken und dann später bei wachsenden Einnahmen die Anlage massiv umzubauen, wobei die bereits vorhandene Strecke, als Transportweg für die schweren Eisenschienen, Steine usw. benutzt, die Kosten für diesen Ausbau herabsetzte. Auf dieses Prinzip weist List in seinem Eisenbahnsystem ausdrücklich hin; er erwähnt es auch in einem Briefe an H. F. Meyer in Fürth [2]. In gleicher Weise nahm Gerstner den Ausbau der Budweiser Bahn in Aussicht [3]. Die Förderbahn bei Eisenerz hatte diesen Oberbau, ebenso die Budweiser Bahn, die Leipzig-Dresdner brachte ihn gleichfalls für die erste Strecke zur Anwendung. Die große Bedeutung der ganzen

---

[1] Hartmann, Praktisches Handbuch über Anlage von Eisenbahnen, Augsburg 1837, 10. Kap., S. 336.
[2] S. Hagen, Die erste deutsche Eisenbahn mit Dampfbetrieb, S. 240.
[3] Gerstner, Handbuch der Mechanik, I, S. 662.

Oberbaufrage beruhte hauptsächlich in ihrer finanziellen Seite; das Kapitel Oberbau machte einen wichtigen Posten unter den Anlage= und und Unterhaltungskosten aus. Für Sachsen lagen hinsichtlich der Beschaffung der Oberbaumaterialien die Ver= hältnisse folgendermaßen: Holz und Steine waren reichlich und leicht zu beschaffen, geeignetes Eisen dagegen — trotz der sächsischen Eisenwerke im Erzgebirge und Vogtlande — nur schwer und für hohen Preis. Als Eisenlieferant kam haupt= sächlich England und Schweden in Frage. „Auf jeden Fall wäre es das beste, sie importierten das Eisen von England, wo es bereits fabriziert zu haben ist", schreibt List in dem oben= erwähnten Briefe an Meyer in Fürth. Trotz der englischen Lieferungen für die Leipzig=Dresdner Bahn kann Sachsen aber doch behaupten, seine ersten Schienen im eigenen Lande bezogen zu haben. Die Schienen der Förderanlage auf der Alten Mord= grube bei Freiberg entstammen sächsischen Hammerwerken (s. später).

Der Einführung der eisernen Laufschienen verdankten die Eisenbahnen den Beginn ihrer weiteren Verbreitung. Es ist deshalb eigenartig, daß gerade Anfang der 30er Jahre ein Vorschlag modern wurde, der doch eigentlich einen Rückschritt bedeutete: Schienen aus Stein herzustellen. Der Engländer Parkins schlug zu diesem Zwecke für gewöhnliche Straßen statt der Eisenbahn eine Steinbahn vor, nämlich Gleise von Granit oder anderen harten Steinen, worauf die Räder der Fuhrwerke laufen sollten[1]. In der Technologischen Enzyklopädie von Prechtl[2] wird am Schlusse des Kapitels Eisenbahnen gleich= falls auf die Steinbahnen auf chaussierter oder ohnehin schon gepflasterter Straße in an harten Steinen reichen Gegenden empfehlend hingewiesen. Die auf der Straße auf festem Grunde anzulegenden Quaderstücke oder Steinblöcke sind auf der oberen Fläche mit einem etwa 1 Zoll tiefen, ebenen Geleise, dem zum nötigen Spielraum für die Spurweiten der Wagen eine Breite

---

[1] Poppe, Die Fuhrwerke, Stuttgart 1828, S. 164; Poppe, Die Telegraphen und Eisenbahnen, Stuttgart 1834, S. 70.

[2] 5. Band, Stuttgart 1834.

von 8 Zoll gegeben werden müsse, versehen. Der Gedanke ist auch in Sachsen erwähnt worden. „Eine dritte Bauart, die mehrmals zur Sprache gekommen, bis jetzt aber noch nirgends angewendet worden ist, sind Steinschienen, die auf ein Steinfundament befestigt werden [1]." Sachsen, insbesondere auch die Leipziger Umgebung, ist ja reich an gutem Steinmaterial. Die Erörterungen in der Sachsenzeitung gehen auf Schmitz zurück, der den Steinschienen eine hohe wirtschaftliche Bedeutung gibt [2]. Nach ihm seien die Steinschienen auf Steinunterlagen deshalb vorzuziehen, weil durch diese die kostbaren Materiale Holz und Eisen zugleich gespart werden und das ganze Baukapital durch die Bearbeitung der Steine, die sonst keinen Preis hätten, als Lohn von den arbeitenden Klassen gewonnen würde. Auch könnten auf glatten Eisenschienen Dampfwagen über eine Steigung von ein Neunzigstel ihrer Last nicht fortziehen, indem die Räder gleiten würden. Mit einer weniger glatten Steinschiene könne die Bahn eine weit stärkere Steigung nehmen, ohne daß die Räder gleiten, und die Möglichkeit einer stärkeren Steigung erspare bedeutende Kosten der Planierung. Die Steinschienenfrage zeigt, wie selbst Männer, die von der Bedeutung und wirtschaftlichen Notwendigkeit der Eisenbahnen überzeugt waren, in Einzelpunkten auf Wegen gewandelt sind, die heute merkwürdig erscheinen.

Eisenbahn auf Landstraßen.

Der Gedanke, die Schienen in bestehende Landstraßen einzulegen, entsprach einer allgemein herrschenden Anschauung. Hatten sie doch ursprünglich weniger den Zweck, ganz neue Verkehrsstraßen zu gründen, als vielmehr den, das Fortkommen auf den bestehenden — durch Herabsetzung der Reibungswiderstände — zu erleichtern, aus der „fortschleppenden" Mechanik eine „fortschaffende" zu machen (Baader). Sie sollten es ermöglichen, größere Lastmengen mit geringeren Zugkräften, d. h.

---

[1] Sachsenzeitung 1833, Nr. 300.
[2] Schmitz, Abhandlung über Eisenbahnen und Dampftransporte, Leipzig 1834.

also mit geringeren Kosten zu bewegen. An eine, den übrigen Straßenverkehr gefährdende hohe Geschwindigkeit und an die Gefahren der in den bewegten Massen steckenden lebendigen Kraft dachte man noch nicht. „Des Esqr. Edgeworths Vorschlag: Zur Erleichterung des Transportes von Waren auf Wegen Eisenbahnen (iron rail-ways) anzulegen, ist auch schon in Deutschland aus den Englischen Miscellen[1] und anderen Journalen bekannt und in England selbst schon auf mehreren Landstraßen ausgeführt worden[2]." An Stelle der gewöhnlichen „Kunststraßen" sollten „Kunststraßen mit Eisenbahnen" treten. Baader rühmt seinem Eisenbahnsystem besonders den Vorzug nach, daß die enge Spurweite nur einen kleinen Teil der Straßenfläche beanspruche. Die Bahn könne in den seitlichen Rändern angelegt werden, so daß die eigentliche Fahrbahn der Chaussee fast in ihrer ganzen Breite frei bleibe[3]. Der neue Gedanke, die Eisenbahnen auf besondere Landstreifen zu verweisen, mit diesen Bahnen, die gegenüber den Straßen eine gleichmäßigere Linienführung in Grundriß und Aufriß verlangten, Felder und Wiesen zu durchschneiden und bestehende Wege zu überschneiden und schließlich den nötigen Grund und Boden den Besitzern im Notfalle zwangsweise durch Enteignung zu nehmen, bedurfte erst längerer Erörterungen und Kämpfe. Erst die Erkenntnis, daß die Straßen in ihren Neigungs- und Krümmungsverhältnissen für die Eisenbahnen ungeeignet waren, und die Forderung, den Bahnbetrieb nicht den Störungen und Gefährdungen des Straßenverkehrs und umgekehrt auszusetzen, hat die Bahnen auf eigene Linien geführt. Im „Eisenbahnsystem" erwähnt List ausdrücklich noch die Möglichkeit, die Bahnen in die Heerstraßen einzulegen; doch weist er sie wegen der kurzen Krümmungen der Straßen und des Laufes mitten durch Dörfer und Städte zurück.

---

[1] 1801, Band 11, S. 127 „Die ersten Riegelwege in Derbyshire".
[2] Voigt, Magazin f. d. neuesten Zustand der Naturkunde, 4. Band, Weimar 1802, S. 455.
[3] Baader, Neues System der fortschaffenden Mechanik, München 1822, S. 64.

Der Rollbockverkehr.

Die ersten Bahnen gestatteten in ihrer Anlage den Straßenfuhrwerken, ohne weiteres von der Straße auf die Bahn überzugehen. Als man aber begann, den Schienen besondere Formen zu geben, sie über die Straßenoberfläche herauszuheben und insbesondere den Rädern die Spurkränze anzusetzen, mußten besonders gebaute Wagen den Verkehr auf den Bahnstrecken übernehmen. Da entstand die Frage: Können Güter, die in gewöhnlichen Frachtwagen an den Anfangspunkt der Bahn kommen und ein weiteres Ziel als deren Endpunkt haben, die Bahn ohne Umladung überhaupt und mit Vorteil benutzen? Hat es — in diesem Zusammenhange betrachtet — überhaupt Zweck, einzelne nicht zusammenhängende Bahnstrecken anzulegen? Die Frage hat gerade für Sachsen bis in die neueste Zeit ihre Bedeutung behalten in den Schmalspurbahnen. Ebenso wie heute, so erklärten auch damals einzelne Stimmen, die Anlage solch isolierter Verkehrsstränge abweichender Bauart sei zwecklos, da sie dem großen Durchgangsverkehr nicht dienen könnten und im Lokalverkehr unrentabel seien. „Es gehört indessen unstreitig auch noch zu den Mängeln und Beschränkungen des bisherigen Systemes von Eisenbahnen, daß auf denselben nur besonders hierzu konstruierte Maschinenwagen, aber keine gewöhnlichen Fuhrwerke fortgebracht werden können.... Eine Vorrichtung, mittels welcher auch diesem Gebrechen abgeholfen, und jeder gewöhnliche Wagen, ohne daß derselbe abgeladen, oder irgend eine Veränderung daran vorgenommen werden dürfte, auf die Eisenbahn, da wo selbe anfängt, gebracht und auf solcher bis ans Ende mit einer bedeutenden Ersparnis an Zugkräften fortgeschafft werden könnte, wäre daher sehr wünschenswert, und an mancher Stelle von großem Nutzen[1]." Eine solche Vorrichtung erfand man in dem Rollbock, dem gleichen Mittel, das auch heute noch die Antwort auf obige Zweifelsfrage gibt. Baader machte hierfür eingehende Vorschläge; seine Zeichnungen erinnern in überraschender Weise an die heutigen Rollböcke und

---

[1] Baader, Fortschaffende Mechanik, 1822, S. 116 f.

Rollbockgruben. Nur irrt Baader, wenn er sich für den Erfinder dieser Vorrichtung hält. Bereits 1802 beschrieb Voigt[1] das Rollbockprinzip: Die Straßenlastwagen berührten die Bahn nicht unmittelbar, sondern stünden auf einem besonderen flachen Gerüste mit Rädern, welche die Spur der Eisenbahnen hielten und genau nach ihnen eingerichtet seien, sodaß jeder gewöhnliche Wagen, ohne verändert zu werden, sich dieser Bahnen bedienen könne. In Sachsen wurde dieser Rollbockgedanke mehrfach erörtert, z. B. auch 1833 im Zusammenhange mit der Leipzig-Dresdner Bahn[2].

Straßenkreuzung.

Die besonderen Schienenformen, die den Straßenfuhrwerken den Verkehr auf den Eisenbahnen verboten, erschwerten zugleich den Lauf quer zu ihnen an Kreuzungsstellen zwischen Bahn und Straße. Diese Frage hat die damalige Zeit mehr beschäftigt, als man zunächst glauben sollte. „Ein zweiter Einwurf von größerer Erheblichkeit, welcher gegen dieses neue System von erhöhten Eisenbahnen gemacht werden kann, ist: die Unmöglichkeit, mit anderen Fuhrwerken quer über dieselben zu passieren (was zwar auch bei den gewöhnlichen englischen Eisenbahnen, besonders den Rail-roads, überall mit großen Schwierigkeiten verknüpft ist) und die daraus entstehende Unterbrechung der gewöhnlichen Kommunikation auf Querstraßen und Seitenwegen[3]." Baader schlug Klappbrücken oder Drehbrücken vor, welche die Straße über die Schienen hinwegführen und nach Bedarf für den Verkehr auf den Schienen oder auf der Straße umgestellt werden sollten. Unter den drei besonderen Schwierigkeiten, die den deutschen Eisenbahnen überhaupt entgegenstünden, erwähnte Dr. Fick[4] als zweiten Punkt die Störung

---

[1] ,Im Magazin für den neuesten Zustand der Naturkunde usw.' Weimar 1802. S. 455 ff.
[2] Sachsenzeitung 1833, Nr. 274.
[3] Baader, Fortschaffende Mechanik, 1822, S. 70.
[4] Im Allgemeinen Anzeiger und Nationalzeitung der Deutschen Oktober 1832, „Deutsche Eisenbahnen".

der Feldwege und Triften in Ackerbau treibenden Ländern, wo das Eigentum sehr vereinzelt sei. Diese Störung mache sich besonders fühlbar im flachen Lande, wo man nicht, wie im Hügellande, die Bahn bequem höher oder tiefer legen könne. Gerade für Sachsen und speziell für die ackerbau- und wegereiche Leipziger Ebene waren Erwägungen dieser Art von besonderer Wichtigkeit.

Die Überwindung der Steigungen.

Als ersten Punkt der drei Schwierigkeiten bezeichnete Dr. Fick in dem eben erwähnten Aufsatze „Das Steigen und Fallen über Gebirge". Hinsichtlich der Höhenunterschiede und deren Überwindung durch Eisenbahnen sind in den damaligen Anschauungen zwei Fälle scharf zu trennen. Einmal eine fast unglaublich erscheinende Unterschätzung bzw. Nichtbeachtung der kleineren, allmählich steigenden Bodenerhebungen, auf der anderen Seite die Furcht vor den schärferen Steigungen. Die Eisenbahnen scheinen den Leuten damals das feinere Gefühl für Neigungsänderungen überhaupt erst gebracht zu haben, etwa in gleicher Weise wie heute ein Radfahrer auf geringe Straßenneigungen aufmerksam wird, die er als Fußgänger unbemerkt überwunden hat. Sätze wie: „Der Weg von Leipzig nach Dresden ist, die unbedeutende Hügelreihe von Oschatz ausgenommen, nur eben[1]" oder „Von Leipzig bis Chemnitz führt die wagerechte Ebene der Zwickauer Mulde[2]", zeigen in krassem Beispiel die Leichtfertigkeit, mit der man in dieser Beziehung über die Anlegung von Eisenbahnen dachte. Zwei bittere pekuniäre Folgen ergaben sich aus dieser Unterschätzung. Erstens veranschlagte man die Anlagekosten falsch, d. h. zu niedrig. In den meisten Eisenbahnprojekten wurde die Anlagesumme dadurch aufgestellt, daß man die — im Straßenlauf gemessene — Entfernung beider Endpunkte mit einem meist aus englischen Vorbildern entlehnten Einheitssatze für die Einheitslänge

---

[1] Sachsenzeitung 1833, Nr. 276.
[2] Sachsenzeitung 1833, Nr. 296.

multiplizierte. Man überjah vollkommen, daß die Bahn gegenüber den Straßen geringere Neigungen und dadurch größere Längenentwicklung und höhere Erdarbeitskosten erforderte. Zweitens aber unterschätzte man die Betriebskosten ganz beträchtlich und erhielt dadurch, im Verein mit dem kleinen Anlagekapital, zu günstige Verzinsungsansätze. Das Pferd der Landstraße gab geringe Mehrleistungen in Steigungsstrecken gegenüber der bisherigen Überwindung des Bewegungswiderstandes auf der Horizontalen dank des Steigerungsvermögens seiner normalen Zugkraft, kostenlos. Auf den Eisenbahnen dagegen erforderte bei den geringen Widerständen in der Horizontalen ein geringer Zusatz an Steigung einen prozentual hohen Zusatzbedarf an Zugkraft, dessen Deckung mit besonderen Kosten verbunden war. Die falsche, für die Kapitalisten verhängnisvolle Berechnung der Anlage- und Betriebskosten war ziemlich verbreitet, ein Krebsschaden der alten Eisenbahnprojekte. Crelle hielt es deshalb für nötig, in einer längeren Abhandlung[1] gegen sie anzukämpfen.

Ein eigenartiger Gedanke, der wohl am besten an dieser Stelle einzuflechten ist, tauchte Anfang der 30er Jahre auf. Während man bis dahin — bei gleichstarkem Verkehr in beiden Richtungen — die horizontale Lage der Bahn als die günstigste angesehen und zu deren Anlegung hohe Kosten aufgewandt hatte, vertrat Badnall[2] auf Grund von Versuchen die Ansicht, es könne erheblich an Zugkraft gespart werden, wenn man die Bahn absichtlich im Längsprofil wellenförmig anlege. Man dachte hierbei an die Erscheinungen bei einem schwingenden Pendel oder einer spielenden Feder. Dieser Gedanke, der ein Bild von den damaligen unklaren Anschauungen über die Bewegungswiderstände gibt, wurde auch in Deutschland viel besprochen. Die Sachsenzeitung[3] erwähnt ihn z. B., ebenso List

---

[1] Crelle, Einiges allgemein Verständliche über Eisenbahnen, Berlin 1835. S.=A. aus d. Journal für Baukunst, Band 9, Heft 3.

[2] Mechanics Magacine 1833, Nr. 531, pag. 20; f. auch Dinglers polyt. Journal 1833/34.

[3] Sachsenzeitung 1833, Nr. 274.

im Eisenbahnsystem. Baurat Umpfenbach[1] wies jedoch nach, daß die Anlage wellenförmiger Eisenbahnen im allgemeinen nicht zu empfehlen sei. Dagegen sei die Einlegung geringer Gegenneigungen kein Nachteil, wenn es sich darum handele, bei Talüberschreitungen die Höhe des Viaduktes oder bei Durchstechung flacher Höhenrücken die Einschnittstiefe zu verringern und dadurch an den Anlagekosten wesentlich zu sparen. Der Gedanke der wellenförmigen Eisenbahnen ist, wenn auch natürlich auf berechtigterer Grundlage, in neuerer Zeit wieder aufgetaucht und in Londoner Röhrenbahnen zur Anwendung gekommen. In diesen hat man die Stationen höher als die Strecke gelegt, um dadurch die Schwerkraft zur Beförderung des Anfahrens und Anhaltens auf den Stationen nutzbar zu machen.

Bergfahrt und Talfahrt, ein wichtiges und interessantes Problem in der Geschichte des Eisenbahnwesens. Seine eingehende Behandlung könnte allein Stoff zu einem umfangreichen Werke liefern. — Der Wunsch, der Linienführung im allgemeinen eine möglichst horizontale Lage mit dem Vorteile des geringen Bedarfes an Zugkraft zu geben, hatte im Anfange des Eisenbahnwesens dazu geführt, das gesamte Längsprofil in zwei Neigungsgruppen zu gliedern: in Strecken mit nur geringer Neigung oder möglichst horizontaler Lage und in sogenannte schiefe Ebenen, in denen die Höhen überwunden wurden. Diese schiefen Ebenen, die Konzentration der Steigung und der zu ihrer Überwindung erforderlichen Zusatzkräfte, sind ein Charakteristikum der ersten Eisenbahnen. England ging mit ihnen voraus, von hier aus drang der Gedanke auf das Festland über. A. v. Gerstner brach zwar in der Ausführung der Budweiser Bahn mit dem Prinzip und legte durchgehende Steigung ein; in den Vorentwürfen zur Bahn sind sie jedoch vorhanden. Die Leipzig-Dresdner Bahn wurde gleichfalls ohne schiefe Ebene gebaut. Man griff hier zu dem anderen Hilfsmittel, den Berg zu durchbohren anstatt ihn zu übersteigen. List hatte jedoch in seinem Eisenbahnsystem die Linie noch mit

---
[1] Verhandlungen des Vereins zur Beförderung des Gewerbfleißes in Preußen, 1834, S. 200 ff.

schiefer Ebene skizziert. Noch 1837 enthält das Projekt der Erzgebirgischen Eisenbahn eine solche schiefe Ebene¹. Diese Konzentration des Kraftbedarfes und -vorrates war ursprünglich im Hinblick auf den Pferdebetrieb gewählt; die Einführung des Dampfbetriebes behielt diese Anordnung zunächst noch bei. „Ist das Ansteigen der Bahn noch beträchtlicher als ½ Zoll auf 3 Fuß (1 : 72), so ist die Anwendung von Pferden nicht ratsam, sondern dagegen zu empfehlen, die Strecke, insoweit es das Terrain erlaubt, in horizontale Bahnen für Benutzung von Pferden und in Ansteigung mit Benutzung von stationären Dampfmaschinen einzuteilen²." Die Vorrichtungen zum Aufziehen und Herablassen der Lasten haben die Köpfe der Konstrukteure lebhaft beschäftigt; Baader, Henschel haben sich z. B. damit befaßt. Seilzüge, feststehende Dampfmaschinen, komprimierte Luft, Wasserräder, Baadersche Bergwinde sind Stichworte aus der großen Reihe derartiger Erfindungen. Eine besondere Rolle spielte dabei das Kompensationsprinzip: die Aufspeicherung der bei Talfahrt überschüssigen Kraft und deren Verwendung zur Bergfahrt. Doch ist auch hier nicht Baader, wie er annimmt³, der Erfinder des Prinzips. Bereits 1807 berichtete Nemnich von einer Vorrichtung, die seit 1798 in Newcastle in Gebrauch sei. Die treibende und aufhaltende Kraft hänge von einem 16½ Zentner schweren Lot ab, welches der Wagen beim Auf- und Niederlaufen abwechselnd 144 Ruten hebt und fallen läßt⁴. — Ein Vorschlag verdient noch kurz der Erwähnung, der in jener Zeit eine Rolle spielte: die Überwindung der Höhenunterschiede in lotrechten Hebevorrichtungen. Der Gedanke, den Schiffsschleusen entlehnt, ist zwar nicht ernstlich in Betracht gekommen, er gehört aber doch zu den interessanten Fragen jener Zeit⁵. Sachsen ist im südlichen Teil

---

[1] Hauptbericht über die Ertragfähigkeit und Ausführbarkeit der Erzgebirg. Eisenbahn, März 1837; Sammler, Nov. 1837.
[2] Verhandlungen des Vereins usw., 1830, S. 80 ff.
[3] Baader, Fortschaffende Mechanik, 1822, S. 123.
[4] Nemnich, Neueste Reise durch England, Schottland und Ireland, Tübingen 1807, S. 64 ff.
[5] Siehe z. B. Allg. Anzeiger und Nationalzeitung der Deutschen

ein Bergland und gerade die Industriezentren und Hauptkohlengebiete lagen in den Bergen. Die Überwindung der Steigungen und die mit ihr eng zusammenhängenden Fragen der Reibung, des Widerstandes und der Ausbildung der Bremsvorrichtungen war deshalb ein wichtiges Kapitel, mit dem man sich vor Einführung der Eisenbahnen beschäftigen mußte.

Eisenbahn oder Straßendampfwagen.

Fast schien es, als ob gerade in der Zeit, als sich die Streitfragen über die Eisenbahnen zu klären begannen und die weitere Verbreitung dieses Verkehrsmittels bevorstand, ein Konkurrent dem Siegeslauf energisch Halt gebieten und die zu verlassenden Landstraßen wieder zu Ehren bringen sollte. In das Ende der 20er und Anfang der 30er Jahre fiel, parallel laufend mit der fortschreitenden Entwicklung der Dampfwagen auf Eisenbahnen, eine Periode der Verbesserung und des Ausbaues der Straßendampfwagen. Mit Bewunderung und Staunen verkündeten die deutschen und mit ihnen die sächsischen Zeitungen ihren Lesern von den Fahrten und Erfolgen dieser neuen Straßenfuhrwerke. Sie rühmten besonders ihre Schnelligkeit und die Fähigkeit, größere Lasten fortzuschaffen. Man kam deshalb auf den Gedanken, in ihnen einen vollwertigen Ersatz für die Eisenbahnen zu sehen. Hätte doch ihre Anwendung die Auslegung der teuren Schienenstränge völlig erspart. Indessen vergaß man[1] in der Begeisterung, daß der Hauptvorteil der Eisenbahnen in der Herabsetzung der Reibung, der Bewegungswiderstände lag, die wiederum die Zugkraft und damit die Transportkosten im Vergleiche zu dem Verkehr auf den Straßen wesentlich verminderte. Man war sich nicht bewußt, daß die Rentabilität eines solchen Transportunternehmens von

---

1832, Nr. 296 ff., Aufsatz von Dr. Fick; Gordon, Historische und Praktische Abhandlung über Fortbewegung ohne Tierkraft usw. Aus d. Engl., Weimar 1832. Siehe auch: Geschichte der Eisenbahnen der österreich=ungar. Monarchie.
[1] Vgl. z. B. Schmitz, Abhandlung über Eisenbahnen und Dampftransporte, Leipzig 1834, S. 51.

Anlage= und Betriebskosten abhängt. Als besonderer Vorzug des Straßendampfwagens erschien seine Freizügigkeit gegenüber der an ihre Spur gebundenen Eisenbahn. Der Kampf ist sehr heiß gewesen. Auf beiden Seiten Männer, die ihr Eintreten mit ernsten Gründen belegten [1]. Selbst Männer wie Schmitz, die von der Bedeutung der Eisenbahnen durchdrungen waren, glaubten, unter einzelnen Bedingungen dem Straßenwagen den Vorzug geben zu müssen [2]. „Der Dampfwagen kann auf der glatten Eisenbahn eine zehnmal größere Last fortbringen als auf gewöhnlichem Wege. Dieses Verhältnis kann aber nur dann der Eisenbahn zustatten kommen, wenn es auf einer Straße zehnmal mehr Frachten gibt als mit Chausseedampf= wagen transportiert werden können. Es folgt hieraus, daß auf Straßen, wo nicht mehr Frachtgüter gehen als einige Chausseedampfwagen transportieren können, die Mehrkosten, welche zur Anlegung einer Eisenbahn verwendet würden, ein verlorenes Kapital sein würden." Die eifrige Erörterung der Dampfwagenfrage in den meisten und wichtigsten Eisenbahn= schriften jener Zeit ist der beste Beweis für die Wichtigkeit, die man ihr beigemessen hat. Sie zeigt zugleich, daß die Er= wägungen in die weitesten Kreise eingedrungen sind und dadurch ganz zweifellos zur Verwirrung, zur Verzögerung der Eisen=

---

[1] Bereits im Februar 1828 Aufsätze im „Ausland" (Über die Un= ausführbarkeit des von einigen Mechanikern gemachten Vorschlages, mit Dampfwagen auf gewöhnlichen Straßen zu fahren); A. Gordon, Historische und Praktische Abhandlung über Fortbewegung ohne Tierkraft mittels Dampfwagen auf gewöhnlichen Landstraßen, aus d. Engl., Weimar 1833; Lips, Die Anwendbarkeit der engl. Eisenbahnen auf Deutschland und deren Ersatz durch Dampffuhrwerke auf verbesserten Chausseen usw., Marburg 1833; Baader, Die Unmöglichkeit, Dampf= wagen auf gewöhnlichen Straßen mit Vorteil ... einzuführen und die Ungereimtheit aller Projekte, die Eisenbahnen dadurch entbehrlich zu machen, Nürnberg 1835; Newhouse, Über Chausseedampfwagen statt Eisenbahnen mit Dampfwagen in Deutschland, Mannheim 1835; Eisen= bahnen aber keine Dampfwagen, vielleicht ein Wort zu seiner Zeit, Berlin 1834 (ohne Verfasser).

[2] Schmitz, Abhandlung über Eisenbahnen und Dampftransporte, Leipzig 1834, S. 55.

bahnentwicklung beigetragen haben. Auch Sachsen ist von diesen Zweifeln nicht verschont geblieben. „Eine technische Prinzipfrage hat unendlich viele Bedenken in den Köpfen erregt. Man hat aufgestellt, Anlegung von Eisenbahnen sei Geldverfplitterung, da die Vervollkommnung der Dampfwagen auf Chausseen so reißend zunehme[1]." Sachsen kann sich sogar rühmen, einen Dampfwagen gebaut zu haben. Am 28. Mai 1830 lud in der Sachsenzeitung die Leipziger polytechnische Gesellschaft ihre Mitglieder zu Neuwahlen ein; vor der Wahl werde Herr Insp. Fuchs das Modell seines Dampfwagens zeigen. Der Ruhm dieses Wagens drang bis nach Dresden. „Frage aus Dresden nach Leipzig: Obgleich wir nur eine Tagereise eigentlich von der Lindenstadt entfernt sind, so herrschen doch hier die fabelhaftesten und sonderbarsten Gerüchte über den dort entstehenden Dampfwagen. Groß und Klein, Hoch und Niedrig nimmt natürlich an diesem Unternehmen den lebhaftesten Anteil, da Sachsen hierin wirklich einmal in Deutschland den ersten Ruhm haben würde, diese Fahrmaschine aus England zuerst herübergepflanzt zu haben usw.[2]." Der Wagen war eine Dampfkutsche ohne besondere Eisenfahrbahn; das Modell wurde der polytechnischen Gesellschaft vorgezeigt. Er hatte nur einen Zylinder, aber zwei Kolben, welche gleichzeitig durch Dampf in Bewegung gesetzt wurden. Die Maschine arbeitete äußerst schnell und mit bewunderungswürdiger Kraft, sodaß sie einen ungeteilten Beifall erwarb[3]. Eine weitere Notiz, die sich zweifellos gleichfalls auf diesen Wagen von Fuchs bezieht, ist im ganzen Zusammenhange besonders charakteristisch[4]: Einer der gelehrtesten und tüchtigsten Mechaniker und Physiker ließe einen Wagen bauen, der zur Reise zwischen

---

[1] Aus dem Berichte von F. G. Wieck an das Direktorium des „Industrievereins für das Königreich Sachsen". Siehe Leipziger Tageblatt, 29. Sept. 1834 (s. Schulze, Voigtländers Quellenbücher, Nr. 1, S. 41).
[2] Sachsenzeitung 1830, Nr. 229.
[3] Sachsenzeitung 1831, Nr. 30.
[4] Hesperus, 1830, 7. Juni.

Leipzig und Dresden dienen solle. Gelänge das Unternehmen, woran kaum zu zweifeln wäre, so könnten sich daraus für Spekulanten viele neue Aussichten von ähnlicher Art ergeben. Eine eigenartige Erfindung wurde im Jahre 1832 aus Plauen gemeldet [1]: Ein Triebwerk, konstruiert von dem Uhrenfabrikant Buschmann, das, im großen ausgeführt, alle Dampfmaschienen, alle Anwendung von Pferdekraft, Winde oder Wasser überflüssig mache. Der Erfinder wolle dieses Triebwerk auch an Wagen anbringen lassen, sodaß man nicht nur auf Eisenbahnen, sondern auch auf gewöhnlichen Straßen damit fahren könne, z. B. in sechs Stunden von Plauen nach Leipzig. Leider wird nicht verraten, worin die Erfindung bestand. — Der Vollständigkeit halber sei angefügt, daß der Dampfwagenbau, einschließlich derer für Eisenbahnen, bereits seit längerer Zeit auch deutsche Erfinder beschäftigte. Oberbergrat C. A. Henschel fertigte schon 1803 einen Entwurf zu einem Dampfwagen, 1816 ein Modell zu den Maschinenteilen eines solchen; 1817 erhielt er in Kurhessen ein Patent [2]. 1815 baute der Prager Mechaniker Bozek seinen Straßendampfwagen [3]. Großes Aufsehen erregte der Zahnrad-Dampfwagen des preußischen Hütteninspektors Kriegar in Berlin (1815), der für schlesische Kohlenwerke bestimmt war (zwischen Königsgrube und Königshütte) [4]. Schließlich konstruierte im Jahre 1829 der damals 17 jährige spätere Bergrat Karl Bischof einen Dampfwagen, der ohne Schienen auf gewöhnlichen Straßen zu benutzen war [5]).

---

[1] Allgemeiner Anzeiger und Nationalzeitung der Deutschen, 1832. Mehrere Notizen.

[2] Hagen, Die erste deutsche Eisenbahn mit Dampfbetrieb, Nürnberg 1885.

[3] Hesperus, 1816.

[4] Siehe Poppe, Magazin d. neuesten Erfindungen, Entdeckungen usw., 1816, S. 5 f.; Poppe, Handbuch der Erfindungen usw., Hannover 1817; siehe auch Zeitschrift für Berg-, Hütten- und Salinenwesen, Bd. 23, 1875, S. 164 ff.

[5] Sogar die Kunst des Fliegens oder die „Luftschwimmkunst" beschäftigte auch damals die Erfinder, darunter den Wenden Tischlermeister Michael Seiler im Dorfe Salzenforst, wie ein Herr Doeke in Budissin

Kanal oder Eisenbahn.

Zu der Konkurrenzfrage: „Straßendampfwagen oder Eisenbahn?" gesellte sich die zweite: „Kanal oder Eisenbahn?" Ursprünglich waren es die Eisenbahnen gewesen, die den bestehenden Kanälen Konkurrenz zu bieten suchten. Als indessen der Kontinent, insbesondere auch die deutschen Lande, begannen, die Einführung der Eisenbahnen ernstlicher zu erwägen, da galt es zumeist nicht, mit schon bestehenden Wasserstraßen zu konkurrieren, sondern überhaupt erst einen neuen Verkehrsweg zu schaffen. Es war naturgemäß, daß man nicht blind die Neuerung ergriff, sondern in wirtschaftlichem und technischem Vergleich die alten Wege — Straße und Kanal — mit dem neuen zusammenstellte. Wohl der erste, der dies getan hat, ist Franz Josef Ritter v. Gerstner (1807) gewesen. Die Ergebnisse seiner Untersuchungen hat er niedergelegt in dem Schriftchen: Zwey Abhandlungen über Frachtwägen und Straßen und über die Frage, ob und in welchen Fällen der Bau schiffbarer Kanäle, Eisenwege oder gemachter Straßen vorzuziehen sey, Prag 1813. Nach ihm haben sich fast alle Eisenbahnschriften mit der Kanalfrage — eingehender oder nur allgemein — beschäftigt, ein Zeichen ihrer großen Bedeutung. Die Anschauungen waren auch hier sehr geteilt. Einzelne führende Männer scheinen mit der Entwicklung der Dinge ihre Stellungnahme geändert zu haben. Auf der einen Seite ein vollständiges Verwerfen der Kanäle. „Die Kanäle können auch sogar bei schweren Gütern, wie Steinkohlen, wegen der Wohlfeilheit, Regelmäßigkeit, Ununterbrochenheit und Schnelligkeit des Eisenbahntransportes mit diesen keine Konkurrenz halten. Wood, der ihnen lange noch in dieser Beziehung den Vorzug gegeben, hat ihnen nach den neuesten Verbesserungen mit Bestimmtheit das Todesurteil ge-

---

u melden weiß. Dieser Seiler habe schon seit 20 Jahren nachgedacht, ob es nicht möglich wäre, mittels einer Maschine in der Luft wie ein Vogel fliegen zu können. Er habe 1822 angefangen, eine Maschine zu bauen, und hoffe, sie nun öffentlich zeigen zu können (Elbeblatt 1827 vom 28. Febr. und 7. März).

sprochen. Kanäle sind fortan künstliche Sümpfe, nichts weiter[1]." Dieser Anschauung Lists steht — ein Zeichen der Wandlung — sein Aufsatz im Staatslexikon von Rotteck und Welcker vom Jahre 1837 gegenüber. „Beide arbeiten sich vielmehr in die Hände." Ein anderer Vorschlag[2] ging dahin, in den Kanälen das Wasser abzulassen und auf dem Boden die Schienenwege zur Ersparung von Erdarbeiten anzuordnen. Als Gründe, den Eisenbahnen den Vorzug zu geben, führte man vornehmlich folgende an: Die Eisenbahnen seien während des ganzen Jahres betriebsfähig und unabhängig von Frost (Eisbildung) und Hitze (Wassermangel). Sie erforderten geringere Breitenabmessungen, könnten leichter dem Gelände angepaßt werden, ihre Anlage= kosten und Unterhaltungskosten seien geringer. Sie gestatteten einen raschen Transport wegen der geringen Bewegungswider= stände. Auch das kleinste fertige Stück ließe sich bereits in Betrieb nehmen; eine Verzinsung des Anlagekapitals könne deshalb schon während der Bauzeit eintreten; außerdem könne das fertige Stück durch Herabsetzung der Transportkosten das Anlagekapital für die weiteren Anlagen erniedrigen. Bei Störungen und Ausbesserungen sei der Verkehr nur an der betreffenden Stelle unterbrochen und nicht auf der ganzen Linie. Baader hat sich eingehend mit diesen Erörterungen befaßt[3], zumeist bauend auf Gerstner[4]. In den 30er Jahren wies man zur Empfehlung der Eisenbahnen besonders gern auf den Verfall der englischen und amerikanischen Kanäle hin[5]. Doch

---

[1] List, Idées sur les réformes économiques et commerciales applicables à la France (1831). Siehe Lists Eisenbahnsystem. Die gleichen Angaben auch Sachsenzeitung 1832, Nr. 153 ff.

[2] Verhandlungen des Vereins zur Beförderung des Gewerbfleißes in Preußen, 1831, S. 223 ff. Der Gedanke ist jedenfalls zurückzuführen auf Mechanics Magacine 1829, Nr. 329 (f. Baader, Huskisson und die Eisenbahnen, S. 15).

[3] Baader, Fortsch. Mechanik, 1832, S. 8 ff. und 40 ff.

[4] Frz. Jos. v. Gerstner, Zwey Abhandlungen usw., Prag 1813, S. 130 ff. (NB. In den Seitenzahlen 129 und 130 der betr. Abhandlung ist ein Druckfehler, sie sind zweimal vorhanden.)

[5] Z. B. List im Eisenbahnsystem; Elbeblatt, 12. April 1825.

bald regten sich Stimmen, die den radikalen Kanalgegnern entgegentraten und unter gewissen Bedingungen den Kanälen die Stellung neben den Eisenbahnen einräumten. Von den Kanälen waren die schweren Massengüter — Kohle, Steine, Ziegeln — auf die Schienenwege übergegangen. Aber mit der Zeit drang die Erkenntnis durch, daß gerade diese Güter, die an keine Transportgeschwindigkeit gebunden waren, vorteilhafter zu Wasser zu befördern seien, den Eisenbahnen dagegen der schnelle Transport hochwertiger Güter von kleineren Mengen zu übertragen sei. „Es ergibt sich daraus, daß der Transport auf dem Kanal nur dann eine wirkliche Ersparung darbietet, so lange er langsam bleibt, weshalb er nur mit Vorteil in Anwendung gebracht werden kann bei schweren Gegenständen, die vor allem wohlfeil fortgeschafft werden müssen.... In diese Kategorie gehören Steinkohlen, Bausteine, Eisen usw., deren Bedürfnis selten so dringend ist, daß man für ihren schnellen Transport große Ausgaben machen möchte. Anders verhält es sich dagegen mit Stoffen, die häufig verbraucht werden oder die verderben können durch zu lange Verzögerung, weshalb die Eisenbahnen besser für solche Gegenstände geeignet sind...[1]." Ein Aufsatz im Allgemeinen Anzeiger und National= zeitung der Deutschen (14. Januar 1830) erklärte die Kanäle für vorteilhaft 1. im flachen Lande, wo wenig Schleusen er= forderlich, kein Mangel an Wasser und günstiger Boden, 2. beim Versenden von schweren Baustoffen aller Art und überhaupt sehr schwerer Gegenstände. Ganz scharfe Grenzlinien für den Anwendungsbereich von Kanal, Eisenbahn und Straße zieht Baader, fußend auf Gerstner, wobei gleichfalls örtliche Verhältnisse und Art und Menge des Transportgutes die leitenden Gesichtspunkte sind[2]. Man kann deshalb als vor= herrschende Meinung der 30er Jahre wohl die hinstellen, daß bei Überwindung von Höhen, also z. B. von Wasserscheiden, und bei nicht unbedingtem Massengutverkehr der Eisenbahn der

---

[1] Bibliothek der Neuesten Weltkunde, hrsg. von Malten 1834, 4. Teil, S. 214 ff.
[2] Baader, Fortsch. Mechanik, S. 48.

Vorzug gebührt. Die Eisenbahnen sollten dazu berufen sein, die Berge zu übersteigen, das Bindeglied zwischen den Fluß= systemen zu werden, abgelegenen Städten den Zugang zum Wasserwege zu verschaffen. Sachsen hatte Gelegenheit gehabt, die Lösung dieser Streit= frage bei der Moldau=Donauverbindung zu verfolgen. Es stand aber selbst vor der Aufgabe, sie im eigenen Lande zu lösen. Schon seit langer Zeit suchte Leipzig den Anschluß an einen schiffbaren Strom. Gerade in den 20er Jahren war der Ge= danke wieder lebendiger geworden. Im Jahre 1822 (Nr. 24) weisen die Elbeblätter auf die Möglichkeit einer für Leipzig höchst wichtigen Wasserverbindung mit der Saale hin. Der Vorschlag betraf die Schiffbarmachung der Luppe; bereits zu Anfang des Jahrhunderts sei der Gedanke erörtert und die Möglichkeit von Ingenieuren bearbeitet worden; man habe eine sehr schöne Karte davon. Ein anderer Vorschlag führt direkt zur Elbe: „Man spricht von einem Kanale, der aus der Elbe nach der Mulde und von dieser nach der Parda (Parthe), und also nach Leipzig geführt werden solle. Ja man sagt sogar, daß dieser Plan beim Landtage zur Sprache kommen werde, um das zu dieser Ausführung nötige Geld zu erhalten[1]." Den dritten Weg schließlich — nordwärts —, von Leipzig über Eilenburg nach Torgau, erwähnen die Elbeblätter am 17. Juli 1824 und verlegen die Pläne hierzu in die Zeiten der Kurfürsten Johann Georg III. und IV.[2]. So standen bereits damals die drei Richtungen — West, Nord, Ost — in Vorschlag, über die auch heute noch die Entscheidung offensteht. Der neue Verkehrsweg,

---

[1] Elbeblätter, 6. März 1824, S. 75.

[2] Nach anderweiten, früheren Forschungen des Verfassers über die Leipziger Kanalfrage erschien 1706 eine Schrift: „Deduktion von Ver= besserung der Schiffahrt auf der Elbe und von Nutzbarkeit eines von Torgau nach Leipzig anzulegenden Kanals", in der auf die Pläne von Joh. Georg III. und IV. hingewiesen wurde. Ferner hat gegen Ende des 18. Jahrhunderts Kurfürst Friedrich August III. einerseits die Luppe kanalisieren, die Unstrut und Saale schiffbar machen und andererseits einen Kanal über Eilenburg nach Torgau führen wollen. — Die Angaben der Elbeblätter würden sich damit decken.

die Eisenbahn, drängte damals den Wasserweg zurück. Erst die neuere Zeit, etwa seit Dr. Heine, hat mit den gesteigerten Verkehrsbedürfnissen und den technischen Verbesserungen im Kanalbau auch den Leipziger Schiffahrtshoffnungen wieder zur Beachtung verholfen. Gerade dieses Leipziger Beispiel ist recht geeignet zu zeigen, wie die Eisenbahnen ihren Siegeslauf nicht mühelos gegangen sind, sondern wie sie erst gegen alte Gedanken, gegen Jahrhunderte alte Hoffnungen und Pläne zu kämpfen hatten; es zeigt zugleich, daß alle die erwähnten Streit- und Zweifelsfragen durchdacht werden mußten und durchdacht worden sind.

Dritter Abschnitt.
Die ersten Entwürfe und Ausführungen.

1. Die vorbereitende Arbeit der Literatur.

Groß war die Zahl der Vorbedingungen, die vor Einführung der Eisenbahnen in Sachsen erfüllt, groß die Zahl der Bedenken, die bezwungen werden mußten. Dem Jahre 1833 mußten die Jahre der Entwicklung in wirtschaftlicher, politischer und technischer Beziehung vorausgehen. Erst auf dieser Grundlage konnte List seinen Erfolg erringen. Die Jahre der Vorgeschichte sind für Sachsens Eisenbahnentwicklung von größter Bedeutung gewesen, auch wenn sie in ihrer Zeit selbst zu keinem greifbaren Ergebnisse geführt haben. Außer den allgemeinen Vorentwicklungen, die nur indirekt den Eisenbahnen den Weg bereiteten, hat es in Sachsen nicht an Stimmen und Bestrebungen gefehlt, die auf den neuen Verkehrsweg aufmerksam machen sollten. Eine Anzahl bemerkenswerter Projekte, ja eine kleine Ausführung sind entstanden, die wohl verdienen, der Vergessenheit entrissen zu werden.

Einen wesentlichen Anteil, wenn nicht den Hauptanteil an der lebhaften Agitationsarbeit hatte die Literatur. Zweierlei Arten müssen hierbei unterschieden werden: die Werke und die Zeitschriften. An Werken hat Sachsen mit nur einer Ausnahme keine Erscheinungen aufzuweisen, die sich speziell mit sächsischen Verhältnissen befaßten. Doch sind einige hervorzuheben, sei es, weil sie bei ihrer allgemeinen Bedeutung von Einfluß gewesen sind, sei es, weil sie in Leipzig erschienen und somit sicherlich von sächsischen Kreisen beachtet worden sind. Auch in der Literatur spiegelt sich der bekannte Vorgang wieder: zuerst Englands Vorbilder, dann eigene Schöpfungen. Wahrscheinlich das älteste in Sachsen veröffentlichte Schriftchen ist der in Leipzig in der Baumgärtnerischen Buchhandlung erschienene Sonderabdruck aus dem Magazin aller neuen Erfindungen, Entdeckungen usw., betitelt: Neue Theorie des Straßenbaues, der Eisenbahnen und Kohlenwagens. (Aus dem Englischen übersetzt. Mit zwei Kupfern. s. a.[1]) Das dünne Heftchen bringt neben einer neuen Theorie des Straßenbaues einen kurzen Bericht über die Eisenbahn bei den Kohlengruben von Measham in Derbyshire und ferner eine kurze Beschreibung der auf nordenglischen hölzernen Stabwegen üblichen Kohlenwagen. Die Abbildung hierzu hat Neumann 1816 im Hesperus übernommen. Dem Jahre 1802 gehört der vierte Band von Voigts Magazin für den neuesten Zustand der Naturkunde an, das in Weimar erschien, mit einem längeren Aufsatze über Eisenbahnen. Busch verwendet und erweitert diesen im Handbuch der Erfindungen (Eisenach, 4. Auflage, 4. Teil, 1. Abteilung, 1807). Ferner erschien 1807 in Tübingen bei Cotta der Reisebericht von Ph. A. Nemnich mit Angaben über englische Eisenbahnen. Die napoleonischen Kriege unterbrachen diese Bücherreihe, die dann von Frz. Jos. von Gerstner (1813), Baader (1817), Poppe (1818) fortgesetzt wurde. Besondere Bedeutung gewannen weiterhin die Veröffentlichungen von Baader und Frz. A. von Gerstner: Neben kleineren Schriften ersterer mit seinem Neuen System der fortschaffenden Mechanik (1822), letzterer mit dem Handbuch der Mechanik (1831). Der hohe Preis dieser Ausgaben verhinderte ihren Eingang in weitere Kreise[2]; doch sorgten die Zeitschriften und Zeitungen

---

[1] Das Werk ist das älteste wohl auch für Deutschland. Engelmann gibt in seiner sehr eingehend bearbeiteten Bibliotheka mechanico-technologica (2. Aufl., Leipzig 1844) einen etwas anderen Titel und das Jahr 1802 an. (Neue Theorie des Straßenbaues und über den Gebrauch von Eisenbahnen zur leichteren Fortschaffung großer Lasten. Aus d. Engl. Mit 2 Kupfern. 4. Leipzig 1802, Baumgärtner.)

[2] Vergl. z. B. Poppe, Die Fuhrwerke, Stuttgart 1828, Vorrede.

für die Verbreitung der in ihnen vertretenen Gedanken. In dem Pränumerantenverzeichnis zu Baaders Neuem System ist Se. Maj. der König von Sachsen mit zwei Exemplaren verzeichnet, in dem zu Gerstners Mechanik eine Reihe sächsischer Männer, darunter Maschinendirektor Brendel und Minister Graf von Einsiedel. Besondere Erwähnung aus der Zeit vor 1830 verdient vielleicht noch das Werk von Poppe „Die Fuhrwerke" (Stuttgart 1828) wegen seiner gedrängten und dabei recht umfassenden Darstellung. Anfang der dreißiger Jahre erregten großes Aufsehen Lists Mitteilungen aus Amerika[1]. Mit dem Jahre 1833 begann eine Flut von Schriften über Deutschland hereinzubrechen, aus der nur die Namen List, Schmitz, Grote, Newhouse, Henschel, Harkort, Poppe, Prechtl, Crelle genannt seien. Dieses Emporschnellen der Eisenbahnliteratur zeigt wiederum, daß der Gedanke längst vorbereitet war, daß es nur des rechten Zeitpunktes bedurfte, ihm freien Lauf zu lassen. — Als einziges Werk über speziell sächsische Verhältnisse erschien 1826 in Schneeberg eine Broschüre über ein Leipzig=Dürrenberger Projekt. Auf diese wird an späterer Stelle eingehend zurückzukommen sein.

Mehr vielleicht als diese Einzelwerke haben die wiederholten Aufsätze in den verschiedensten Zeitschriften und Zeitungen zur Verbreitung des Eisenbahngedankens beigetragen. Schon vom Beginne des Jahrhunderts an finden sich solche, z. B. in den Englischen Miscellen (Tübingen) und in dem Magazin aller neuen Erfindungen, Entdeckungen usw. (Leipzig, Baumgärtner). Als Hauptthemata erscheinen auch hier anfangs Berichte über englische Bahnen, später solche über Gerstner und Baader, über die Probebahnen in Wien, München und Elberfeld, über amerikanische Bahnen, englische Straßendampfwagen, über die Eisenbahnentwicklung in Österreich, Frankreich u. dergl. Je nach Art der Zeitung zeigen sie ein mehr unterhaltendes oder mehr wissenschaftliches Gepräge. Sie

---

[1] Vergl. z. B. Allgemeiner Anzeiger und Nationalzeitung der Deutschen, 1830, Nr. 13.

geben in ihren Darstellungen und Anschauungen ein gutes Bild von dem Wandel und den Fortschritten des Eisenbahngedankens damaliger Zeit. Sie bewahren dem Geschichtsforscher manch interessante Einzelheit. Für die technische Forschung seien außer den Fachzeitschriften, wie Dinglers Polytechn. Journal, Crelles Journal für die Baukunst, Prechtls Jahrbücher des k. k. polytechn. Institutes in Wien, besonders die Verhandlungen des Vereins zur Beförderung des Gewerbfleißes in Preußen, 1822 ff., genannt. Es ist unmöglich, in diesem Zusammenhange alle die in Betracht kommenden Blätter aufzuzählen; die Literaturübersicht und die Fußnoten machen auf sie aufmerksam. Besonders hervorgehoben müssen jedoch — wegen ihres für das damalige Gewerbs- und Verkehrswesen in Sachsen besonders lehrreichen Inhaltes — die Elbe-Blätter werden, die während ihres Erscheinens (1822—1828) das Interesse für Förderung von Handel und Verkehr in verschiedenster Hinsicht zu wecken suchten. Ihr Herausgeber war der schon früher genannte Zehntner und Hammerwerksinspektor Traugott Leberecht Hasse in Schneeberg. Sein Name muß in der Vorgeschichte des sächsischen Eisenbahnwesens besonders genannt werden.

Die damalige Literatur ist die wichtigste und fast einzige Quelle, die Aufschluß gibt über die Entwicklung des Eisenbahnwesens in Sachsen.

2. Allgemeine Gesichtspunkte.

Die Erleichterung des Transportes der Massengüter — Kohlen, Salz, Erz, Getreide, Holz, Steine — hatte in den anderen Staaten die Anregung zum Bau der Eisenbahnen gegeben. Sollte man zur Erforschung alter sächsischer Projekte nicht den rechten Weg gehen, wenn man sich in Sachsen nach den Ursprungsorten dieser Güter umsieht? Kohlen lieferte der Plauensche Grund und Zwickau, Salz das benachbarte Dürrenberg, Erz die Freiberger Gruben, Getreide die Leipziger Tiefebene, Holz und Steine das Gebirge. In der Tat tauchten an allen diesen Stellen schon lange vor 1833 Gedanken an einen Schienenweg auf. Ihr planmäßiges Auftreten nicht nur im Einzelfalle, sondern an zahlreichen Punkten zeigt, daß auch in dieser Vorperiode bereits ein Verlangen nach Eisenbahnen vorhanden war. Nicht Interesselosigkeit an sich war es, die Sachsen erst 1833 in die praktische Tätigkeit eintreten ließ, sondern die Folge einer Reihe von Hinderungsgründen und mangelnden Vorbedingungen. Deren Darstellung mußte deshalb den weiteren Entwicklungen vorangestellt werden. — Zu jenen an die Massengüter geknüpften Projekten kam als weiterer leitender Gesichtspunkt die — schon bei der Kanalfrage berührte — Sehnsucht Leipzigs nach einem Zugange zu schiffbaren Strömen hinzu. Über allen diesen lokalen Plänen standen schließlich noch jene, schon frühzeitig erkennbaren Gedanken, die jene einzelnen Gleisstränge erweitert und Sachsen eingefügt sahen in den Rahmen eines großen deutschen Verkehrsnetzes, Gedanken, wie sie — gleichsam als Abschluß und Bestätigung dieser Entwicklung — zusammengefaßt sind in Lists Eisenbahnsystem.

3. Die Massengüterbahnen.
Plauenscher Grund.

„Eine Eisenbahne sehen wir hoffentlich nun auch bald, von den Steinkohlengruben nach der volkreichen Residenzstadt Sachsens, anlegen. Die Transportkosten-Ersparnis hätte schon längst Unternehmer zu der Ausführung reizen sollen (Dresden am 26. Jan.[1])." Bereits 1823 dieser Vorschlag, zwei Jahre vor dem Aufsatze von Fr. Harkort in der Zeitschrift Hermann (März 1825)! Der Schienenweg nach den Steinkohlengruben des Plauenschen Grundes ist das älteste Projekt für Sachsen. Wohl kein Zufall: die Kohlen zum nahen schiffbaren Flusse zu schaffen war der typische Vorgang in England; hier fand er sich in zur Nachahmung herausfordernder Weise wieder. Der Gedanke war in den folgenden Jahren jederzeit lebendig. Deshalb ist es merkwürdig, daß außer vereinzelten Notizen keine

---

[1] Elbe-Blätter, Januar 1823, Nr. 5, S. 46.

eingehenderen Nachrichten über ihn vorhanden sind. Die Dresdner staatlichen und städtischen Archive enthalten nichts, ebenso die Verwaltungen der Königlichen und der Burgker Steinkohlengruben. Weder die „Weißeritzthäler" (1833) noch Köttig[1], noch Leßke[2] berichten darüber. Man kann die Wichtigkeit und Lebhaftigkeit dieses Projektes eigentlich nur fühlen aus den immer neuen Erwähnungen. „Die Frage: ob Sachsen auf den frequentesten Wegen, wie z. B. von den Steinkohlengruben zu Burgk, Zauckerode ꝛc. nach Dresden, von der Saale bei Dürrenberg nach Leipzig und von Leipzig an die Elbe bei Strehla, auch wohl bald Eisenbahnen aufzuweisen haben wird? bleibt noch sehr problematisch. In d. Bl. sind öfters Anregungen deshalb zu lesen gewesen. Wie es aber scheint, ist alles fruchtlos[3]." Besitzer der Burgker Werke war damals Carl Friedrich August Freiherr Dathe von Burgk, ein Mann von hohem Interesse für technische Neuerungen und bestrebt, seine Werke mit modernen Einrichtungen auszustatten. So stellte er 1821 auf dem Wilhelminenschachte eine Dampfmaschine zur Wasserhaltung und Förderung auf und führte 1821 das Verkoken der Kohle ein. Ihm ist die Bedeutung des neuen Transportweges sicher nicht entgangen. Niedermüller erwähnt[4], leider ohne Quellenangabe, Friedrich List habe Dresden und den Plauenschen Grund besucht und beim Besitzer der Plauenschen Kohlenwerke eine Eisenbahn längs des Plauenschen Grundes für den Kohlentransport nach Dresden vergeblich in Vorschlag gebracht. Der Name des Besitzers wird nicht genannt. Daß sich List mit dem Gedanken einer solchen Bahn befaßt hat, zeigt die Notiz in seinem Eisenbahnsystem: das Schuylkillthal biete einer solchen Anlage nicht ge-

---

[1] Köttig, Geschichtliche pp. Notizen über den Steinkohlenbergbau Sachsens, Leipzig 1861.
[2] Leßke, Beiträge zur Geschichte und Beschreibung des Plauenschen Grundes bei Dresden.
[3] Elbe-Blätter 1828, S. 99.
[4] Niedermüller, Die Leipzig-Dresdner Eisenbahn, ein Werk Friedrich Lists, Leipzig 1880, S. 23.

ringere Schwierigkeiten dar als der Plauische Grund bei
Dresden. Die erwähnten Schwierigkeiten scheinen tatsächlich
— neben anderen Gründen — die Ausführung des Planes
damals verhindert zu haben. Auch die Sachsenzeitung[1] weist
ausdrücklich auf sie hin; zugleich gibt sie einen weiteren Grund
an. Man habe das Projekt auch deshalb liegen gelassen, weil
man fürchtete, daß von den Fuhrleuten, die dort außer Tätig=
keit kämen, ein Geschrei erhoben und dadurch die Opposition
derer aufgeregt würde, die so voll Mitleid für die einzelnen,
daß sie kein Herz für das Ganze hätten. Zeitlich vor das
Erscheinen dieser Notiz fiel die Anregung Lists zur Verbindung
Leipzig—Dresden. Sie hat das Projekt des Plauenschen
Grundes zurückgedrängt. „Was die Bahn von Potschappel
nach Dresden betrifft, so ist diese Route längst besichtigt und
berechnet worden; man hat sie noch 300 Ellen weiter, d. h.
bis zu den Burgker Gruben projektiert. Allein bei reifer Über=
legung der Sache ist man zu dem Entschlusse gekommen, diesen
Vorschlag ruhen zu lassen, bis für die große Route etwas
geschehen sein würde.... Man ist auch hier noch immer der
Ansicht, daß jene kleine Route erst begonnen werden sollte,
nachdem den dortigen Kohlen der Markt von Leipzig eröffnet
sein wird[2]." Die erwähnten Hinderungsgründe sind jedenfalls
durch einen weiteren kräftig unterstützt worden, wenn sich auch
für diese Vermutung keine direkte zeitgenössische Bestätigung
findet. Seit 1817 arbeitete man an dem Elbstollen; vollendet
wurde er am 5. November 1836. Er sollte der Wasserhaltung
u n d dem Kohlentransporte dienen[3]. Die Kohlen sollten auf
dem Elbstollen bis zur Elbe bei Prießnitz verschifft und da=
durch zugleich vor dem mehrfachen, mit Wertverminderung
verbundenen Umladen geschützt werden. Vor allem aber war
die Einnahme aus diesen Wassertransporten zur Verzinsung
des hohen Anlagekapitals für den Stollen vorgesehen. Man
hatte mit ihr von vornherein bei dem Kostenanschlage gerechnet.

---

[1] Sachsenzeitung 1833, Nr. 271.
[2] Sachsenzeitung 1833, Nr. 271.
[3] Vergl. z. B. Elbe=Blätter 1827, Nr. 13; B i e n e 1832, Nr. 20 u. 21.

Es liegt infolgedessen die Vermutung nahe, daß man sich ge=
scheut hat, jene Einnahmequelle zerstören zu lassen durch An=
lage eines neuen, parallelen Verkehrsweges. Der Wasser=
transport ist überhaupt im Plauenschen Grunde mehrfach
erörtert worden. Nach Meurers späterer Zeit angehörender
Schrift[1] hat man auch vorgeschlagen, die Weißeritz zu kanali=
sieren. Kanal und Eisenbahn!

Dresden—Chemnitz.

Außer den Weg nach Dresden nahmen die Kohlen des
Plauenschen Grundes den nach Chemnitz. Auch hier plante
man schon zeitig einen Schienenweg: Sollte es begründet
sein[2], daß man daran dächte, eine Eisenbahn aus dem Pot=
schappelgrunde über Freiberg nach Chemnitz zu legen, um den
Kohlentransport zu erleichtern, so möchte man doch zuvörderst
die Versuche einer genauen Aufmerksamkeit würdigen, die in
der Chemnitzer Gegend, namentlich in der neuesten Zeit, ge=
macht worden seien, um Steinkohlen zu entdecken. Man solle
nun diese Lager aufschließen, ehe man auf kostspieligen Eisen=
bahnen die Kohlen über die Steinkohlen hinwegführe.

Zwickau—Leipzig.

Das Bestreben, den Kohlenbezug zu verbilligen, ging be=
sonders aus industriellen Kreisen hervor. In der bereits
erwähnten Lichtensteiner Konferenz einiger Mitglieder des
Industrievereins (16. November 1828) war als Aufgabe des
neuen Vereins hingestellt worden, der Industrie billiges Brenn=
material zu verschaffen durch Anlegung von Eisenbahnen nach
den Steinkohlengegenden[3]. Die erzgebirgischen und vogt=
ländischen Industriellen werden hierbei vornehmlich Zwickau
im Auge gehabt haben. Hier dachte man vor allem an eine
Verbindung mit Leipzig unter Anschluß dort an die geplanten

---

[1] Meurer, Eisenbahn von Dresden nach Tharandt durch den
Plauenschen Grund, Kassel, s. a.
[2] Erinnerungsblätter für gebildete Leser, Zwickau 1826, S. 790.
[3] Kgl. Sächs. Hauptstaatsarchiv Loc. Nr. 11172, S. 123 ff.

Elblinien. Und zwar sollte diese Bahn zweierlei Zwecken dienen: Sie sollte Kohlen und Holz aus dem Gebirge ins Flachland schaffen und dafür als Rückfracht dem ackerbauarmen Berglande die Feldfrüchte der Ebene zuführen. „Zwickau und Leipzig, durch eine solche verbunden, würde den Preis der Steinkohlen in Leipzig um wenigstens 50 % ermäßigen, den Preis des Getreides in dem Gebirge dem in dem Niederlande, der Rückfracht wegen, fast gleich stellen; aller anderen Vorteile für das sächsische Fabrikwesen durch diese unglaublich schnelle und wohlfeile Verbindung des Leipziger Meßplatzes mit dem Gebirge nicht zu gedenken. Wäre Leipzig dann wieder mit der Elbe durch eine Eisenbahn verbunden, auf welcher die Dampfböte nicht ausbleiben werden, so kann ein neues, goldenes Zeitalter für unser Vaterland heranblühen[1]." Bedingung für die Rentabilität wäre jedoch gewesen, daß Leipzig sich an die Steinkohlenfeuerung gewöhnt hätte[2]. List hat in seinem Eisenbahnsystem eine Verbindung von Leipzig nach Zwickau mit aufgenommen. Er verspricht sich von ihr den Erfolg, daß die Kohle in Leipzig nur etwa 1 1/2—2 Groschen teurer sein würde als an der Grube und Leipzig zum bedeutenden Fabrikplatz werden könne. Auch weist er an anderer Stelle auf den Vorteil der Talförderung der beladenen Wagen für den Weg Zwickau—Leipzig hin.

Leipzig—Dürrenberg.

Neben der Kohle trat das Salz als wichtiges Transportgut für die Eisenbahnen auf. Es hat mit ihr das gemeinsam, daß es für die Allgemeinheit unentbehrlich ist und anderseits von der Natur nur an einzelnen Stellen geliefert wird. Der Transport über größere Strecken ist deshalb eine Notwendigkeit; der große und regelmäßige Bedarf gibt einmal eine Garantie für eine bestimmte Mindesttransportmenge und führt anderseits wegen der Größe der Transportmenge dazu, auf Mittel zur Verbilligung des Transportes und damit des Gutes

---

[1] Sachsenzeitung 1830, S. 228 ff.
[2] Vergl. Sachsenzeitung 1833, Nr. 276.

selbst zu sinnen. So war die Budweis-Linzer Bahn in erster Linie eine Salzbahn, ebenso ihre Anschlußstrecke Linz—Gmunden. Sachsen war, die Teilung hatte Dürrenberg an Preußen fallen lassen, in seinem Salzbezuge jetzt auf die kgl. preuß. Saline Dürrenberg angewiesen. Von hier aus wurde das Salz in die kgl. sächs. Salzniederlagen transportiert, um von da aus weiter verteilt zu werden. Man ließ zwar auf sächsischem Boden, in der Umgebung von Markranstädt, nach Salz (Soole) bohren, jedoch ohne Erfolg. Durch die Niederlagskosten, das öftere Umladen, durch Abgaben sowie durch die hohen Transportkosten wurde der Salzbezug nicht nur erschwert, sondern stark verteuert. Da tauchte 1826 im Juni das Projekt auf, Dürrenberg mit Leipzig durch eine Eisenbahn zu verbinden. Den Ankündigungen dieses Vorschlages am 1. Juni 1826 im Allgemeinen Anzeiger der Deutschen (Nr. 145) und am 2. Juni 1826 im Elbe-Blatt (Nr. 42) folgte Anfang Juli die Herausgabe einer Broschüre: Darstellung einer anzulegenden Eisenbahn von der k. pr. Saline Dürrenberg und der schiffbaren Saale daselbst bis nach Leipzig auf den Wageplatz vor dem Halleschen Thore (Schneeberg, gedruckt bei A. F. Fulde u. Comp. 1826). Diese Broschüre ist vor Lifts Eisenbahnsystem das erste und einzige selbständige Werk über sächsische Eisenbahnfragen. Wenigstens berichten die Bibliographien damaliger Zeit nur von ihr, z. B. die umfassende Bibliotheka mechanico-technologica von W. Engelmann (Leipzig, 2. Aufl., 1844)[1]. Sie findet sich ferner angegeben bei Hartmann[2] und in Leuchs Polytechn. Bücherkunde (4. Aufl., 1846), ist also in der damaligen Literatur bekannt gewesen. Die neuere Literatur hat das Werk und mit ihm das ganze Projekt vergessen[3]. Zwei Gründe werden dies verursacht haben. Das

---

[1] Ist unter dem Namen Hasse verzeichnet.
[2] Hartmann, Praktisches Handbuch über die Anlage von Eisenbahnen pp., Augsburg 1837, Anhang IV: Zusammenstellung der besten, bis jetzt über Eisenbahnen erschienenen Werke.
[3] Erwähnt wird es mit ganz kurzer Inhaltsangabe bei Gebauer, Die Volkswirtschaft im Königreich Sachsen, Dresden 1893, 3. Band, S. 733.

Werk fand damals nicht die Beachtung und Verbreitung, die man erhofft hatte. Außer direkten Bemerkungen in dieser Hinsicht[1] beweisen dies die Herabsetzungen des Anfangspreises von 12 gl. auf 8 gl. und schließlich auf 6 gl.[2]. Es wird somit schon damals vergessen und auch nur vereinzelt in Büchereien eingereiht worden sein. Zweitens wurde das ganze Projekt eigentlich nur von den Elbe-Blättern, in deren Verlag die Broschüre erschien, in den Jahrgängen 1826 und 1827 erörtert und zwar fast nur durch Aufsätze des Einsenders oder Herausgebers. In anderen sächsischen Blättern findet sich einzig und allein der schon erwähnte Ankündigungsaufsatz im Allgemeinen Anzeiger der Deutschen (1826 Nr. 145) und die gleichfalls erwähnten kurzen Ankündigungen vom 19. Juli und 15. November[3]. Es fehlte somit die Verbreitung durch andere Zeitschriften und der damit verbundene Austausch von Gedanken und Gegenvorschlägen. Auf Hasse als sächsischen Eisenbahnvorkämpfer war schon hingewiesen worden. Sein Eintreten für das vorliegende Projekt rechtfertigt von neuem diesen Beinamen. Er wird ausdrücklich in der Broschüre als Auskunftgebender genannt. Der Verfasser, der Urheber des ganzen Gedankens, ist ein anderer, ein F** in D. Sein Name wird leider nirgends genannt; fast hat es den Anschein, als wenn er mit Absicht verschwiegen wurde. Warum man ihn in dieses Dunkel gehüllt hat, gleichsam als ob der Vorschlag ein wagehalsiges Verbrechen sei, ist nicht ersichtlich. Ganz geheimnisvoll klingt die Angabe einer Chiffreadresse für Erkundigungen und Gedankenaustausch: D. E. B. Merseburg[4]. Bei dem raschen Wiederverschwinden des ganzen Vorschlages findet sich auch in anderweitiger Literatur nichts, was Aufschluß über die Person des Verfassers geben könnte.

---

[1] Elbe-Blatt vom 29. Dez. 1826.
[2] Allgem. Anzeiger der Deutschen 19. Juli 1826 u. 15. Nov. 1826; Elbe-Blatt 29. Dez. 1826.
[3] Vergl. Notiz im Elbe-Blatt vom 14. Febr. 1827.
[4] Allg. Anz. d. Deutschen, 1. Juni 1826.

Dem Erscheinen der Broschüre, in der das Projekt in wirtschaftlicher und technischer Beziehung dargestellt wird, ging, wie erwähnt, die Ankündigung im Allgemeinen Anzeiger der Deutschen und im Elbe=Blatt voraus. Letztere begnügte sich mit einem kurzen Hinweis auf die Bedeutung der Eisenbahnen im allgemeinen und deren Anwendung für Sachsen auf der Linie Leipzig—Dürrenberg und verwies im übrigen auf die demnächst erscheinende Schrift. Anders der Allgemeine An= zeiger. Der Einsender des betreffenden Aufsatzes veröffentlichte hier, von geringeren Auslassungen abgesehen, fast das ganze Projekt, dargestellt nach den Grundgedanken: Wo und wie sind Eisenbahnen mit großem Vorteil bei uns anzulegen. Wie zunächst auch zu erwarten ist, stimmt, bei oberflächlicher Durch= sicht, der Inhalt dieser Veröffentlichung mit dem der Broschüre überein; insbesondere sind die wirtschaftlichen Grundgedanken, die Rentabilitätstabelle, die einzelnen Redewendungen und Sätze dermaßen gleichlautend, daß ein Zweifel an der Zu= sammengehörigkeit beider nicht entstehen kann. Bei genauerem Vergleiche der technischen Grundlagen zeigen sich jedoch ganz überraschende Unterschiede. Die etwa einen Monat später erschienene Broschüre hat ein grundsätzlich ganz anderes System als der Allgemeine Anzeiger. Dieser weiterhin im einzelnen zu behandelnde Wechsel ist ganz merkwürdig; ein Grund für ihn ist nicht angegeben. Die Änderung der technischen Grund= lagen zog eine Umarbeitung des Kostenanschlages nach sich. Dabei zeigt sich die interessante Erscheinung, daß die neue Anschlagssumme mit der ersten übereinstimmt. Man hat dies auch begreiflicherweise so einrichten müssen, da eine Erhöhung der Summe die schöne, einmal veröffentlichte Rentabilitäts= berechnung über den Haufen geworfen hätte. Die eingehende Darstellung der technischen Anordnungen in den beiden Ent= würfen beweist, welch große Bedeutung den technischen Fragen damals eingeräumt wurde. Der schnelle Wechsel zwischen den verschiedenen Systemen beweist aber anderseits, wie unent= schieden, unklar man in weiteren Kreisen hierbei noch war. Schließlich bildet dieses Zurechtbauen eines Kostenanschlages auf eine bestimmte Summe ein Beispiel für die leichtfertige Aufstellung damaliger Zeit.

Die Bahn, zunächst eingleisig angenommen, sollte in erster Linie dem Salztransporte dienen. Das jährliche Frachtquantum wurde mit 250000 Zentnern eingesetzt, und zwar 166183 Zentner Kochsalz in die königlich sächsischen Niederlagen zu Dresden, Bautzen, Meißen, Leipzig, Chemnitz und Zwickau, 39454 Zentner Kochsalz in die königlich preußischen Sellereien Eilenburg, Gräfenhainichen, Schildau und Hoierswerda, 18750 Zentner Düngesalz nach Leipzig. Hierzu rechnete man mit 25613 Zentnern (auf 1000 Fuhren gerechnet) an Langholz und Kalk von der Saalegegend. Der gewöhnliche Frachtlohn von Dürrenberg nach Leipzig für diese 250000 Zentner betrug, bei einem niedrigen Einheitssatze von $^1/_8$ Taler für den Zentner (entsprechend den niedrigen Haferpreisen) 31250 Taler. Demgegenüber glaubte man die Transportkosten auf der Eisenbahn wie folgt ansetzen zu dürfen:

2600 Taler oder $^1/_{12}$ der Landfracht, für 1250 einspännige Fuhren zu 2 Taler, jede zu 200 Zentner auf 5 Rollwagen gerechnet.

1300 „ oder $^1/_{24}$ der Landfracht, nämlich 650 Taler für Konservation der Eisenbahn und 650 Taler Lohn für zwei Bahnwärter und zwei Handlanger an beiden Endpunkten der Eisenbahn und einen Bahnwärter in der Mitte des Traktus.

3900 Taler oder $^1/_8$ der Landfracht.

Darnach konnten $^7/_8$ der früheren Landfracht an Frachtkosten gewonnen werden, im vorliegenden Falle 27350 Taler. Das auf 100000 Taler angesetzte Anlagekapital verzinste sich also mit 27,35% und sollte, Zins auf Zins zu 4% gerechnet, nach vierjähriger Benutzung der Bahn völlig amortisiert sein. Auf diesen Grundlagen wurde folgende Verzinsungs- und Amortisationstabelle aufgestellt, die sich — anscheinend als besonderes Lockmittel — auszugsweise auch im Allgemeinen Anzeiger findet.

Wenn von Dürrenberg aus bis Leipzig zurück das Frachtquantum jährlich beträgt:	Und es ist das gewöhnliche Frachtlohn		So wird das auf die Eisenbahn verwendete Anlagekapital jährlich nach Prozenten sich verinteressieren, wenn selbiges beträgt:			Und Zins auf Zins gerechnet, wird durch den Gewinn der Eisenbahn sich völlig amortisiert haben, das Anlagekapital von		
	pro Meile	von Dürrenberg bis Leipzig	100 000	120 000	150 000	100 000	120 000	150 000
Zentner	Taler	Taler	Taler			in Jahren		
250 000	1/20	1/8	27,34	22,79	18,23	4,04	4,93	6,33
	1/15	1/6	36,45	30,39	24,30	2,97	3,60	4,6
	1/10	1/4	54,68	45,58	36,46	1,94	2,35	2,97
300 000	1/20	1/8	32,81	27,35	21,87	3,26	4,04	5,15
	1/15	1/6	43,75	36,47	29,16	2,44	2,96	3,76
	1/10	1/4	65,62	54,70	43,74	1,60	1,93	2,44
400 000	1/20	1/8	43,75	36,46	29,11	2,47	2,97	3,7
	1/15	1/6	58,33	48.61	38,89	1,81	2,73	2,76
	1/10	1/4	87,50	72,92	58,33	1,2	1,44	1,82

Die aufgestellten Zahlen klingen allerdings sehr verlockend. Die Zurückhaltung der Zeitgenossen zeigt jedoch, daß man ihnen schon damals nicht recht getraut hat. Die verheißene vierjährige Amortisation hatte noch eine weitere Bedeutung. Die Bohrversuche nach Salz machten den Einwand wahrscheinlich, die Bahn nach Dürrenberg sei zwecklos, da man das Salz an anderer Stelle zu finden hoffe. Dem konnte nun entgegengestellt werden, daß, wenn auch schlimmstenfalls künftig der Salztransport von Dürrenberg entfallen würde, dieser Ausfall doch erst in einiger Zeit zu erwarten und bis dahin das ganze Anlagekapital längst amortisiert sei. Dem Unternehmer würde dann, selbst bei völliger Aufgabe der Bahn, immer noch der Erlös aus dem Bahnmaterial und Grundbesitz als reiner Gewinn verbleiben.

Neben dem Salztransporte und den geringen Mengen an Holz und Kalk hoffte man aber bestimmt auf weitere, insbesondere schwere Güter, die auf gewöhnlicher Chaussee nur schwer fortzuschaffen waren, wie Bruchsteine, Mühlsteine, Schleifsteine, Mauerziegel von Saale und Unstrut. Und wenn künftig Kaufmannswaren von Naumburg und Weißenfels, von Merseburg, Halle, Magdeburg auf dem Wasserwege nach

Dürrenberg und von da auf der Eisenbahn nach Leipzig und umgekehrt von hier auf gleichen Wegen nach jenen Orten gebracht werden würden, wenn ferner eine Saalebrücke bei Dürrenberg und ein Dammweg nach dem Dorfe Spergau gebaut und damit der Anschluß an die Weißenfels—Naumburg—Merseburgische Straße und nach den westlichen Gegenden Thüringens (Getreide) hergestellt würde, so würde wohl anstatt jener 250 000 Zentner ein doppeltes Quantum und ein doppelter Traktus zum Ausweichen der Wagen zu berücksichtigen sein. Diese Gedanken weisen auf zweierlei hin. Einmal auf die ersehnte Verbindung Leipzigs mit einem schiffbaren Flusse. Ausdrücklich wird in der Einleitung zur Broschüre gesagt, der große Kostenaufwand, den die Schiffbarmachung der Saale und Unstrut erforderte, verdiene, daß jene Schiffahrt für den Handelsverkehr nutzbar gemacht würde. Zweitens wies man der Bahn die weitere Aufgabe zu, Güter, die von ferneren Gegenden auf gewöhnlichen Landstraßen ankamen, bequemer und billiger als bisher nach Leipzig hereinzubringen. Man gab ihr also eine Stelle im größeren Verkehrsnetz, über den Lokalverkehr hinaus. Sollte aber die Bahn diese Aufgabe erfüllen können, so mußte den Gütern der Landstraße auch die Möglichkeit gegeben werden, ihren Weg ohne Schwierigkeit auf dem Schienenwege fortzusetzen. Das Mittel hierzu war der Rollwagen. So ist auch der Rollwagenverkehr im Projekt vorgesehen. Auf diese Wagen sollten entweder die Güter in ihren Verpackungen (Fässer, Kisten usw.) direkt einzeln gelegt werden. Außerdem aber konnten auf ihnen ganze beladene Frachtwagen transportiert werden. Der Frachtwagen sollte derart in den Rollwagen eingehängt werden, daß jener auf einer neben der Eisenbahn höher liegenden Spur fuhr, zwischen welcher dieser daruntergeschoben wurde. Vier Tragbäume wurden hierauf durch die vom Blocke des Rollwagens herabhängenden Bänder unter die Räder des Frachtwagens geschoben und durch Klammern und Keile daran befestigt. Am Endpunkte der Bahn sollte sich der umgekehrte Vorgang abspielen. Ein Pferd sollte mehrere beladene Rollwagen fortziehen; man nahm seine Ziehkraft zu 240 Zentnern an bei 1,5 ⁰/₀₀ Steigung.

Die Linienführung verlief in gerader Strecke von Dürrenberg bis auf die Wachsbleiche hinter Löhrs Garten in Leipzig. Als Entfernung wurden 50000 preußische Fuß (= rund 15,7 km [1]) eingesetzt. Die Entfernung ist jedoch viel zu kurz angenommen. Die Luftlinienentfernung beträgt, nach Karten gemessen, etwa 23 km. Diese Unterschätzung würde allein genügt haben, den ganzen Kostenanschlag umzustürzen. Die Orte selbst sah man als etwa im gleichen Niveau liegend an und führte von beiden aus unter Ausgleichung der Geländewellen die Bahn in fortlaufender Steigung 1¹/₂ ⁰/₀₀ nach dem Höhepunkte bei Alt-Rannstädt, den man zu 36 Fuß höher als die Endpunkte annahm. So einfach liegen die Höhenverhältnisse jedoch nicht. Ein Blick auf unsere heutigen Karten lehrt, daß zwischen beiden Orten Höhen und Tiefen wiederholt wechseln. Die Höhe dieser Geländewellen ist — der Grundfehler damaliger Zeit — völlig unterschätzt. Insbesondere hat man sich die Überschreitung der Elsterniederung zu leicht gedacht; liegt sie allein doch etwa 20 m tiefer als das benachbarte Gelände bei Gohlis. Dieser weitere Fehler würde gleichfalls im Falle der Ausführung von verhängnisvollem Einflusse auf Anlage- und Betriebskosten gewesen sein. Die Bahn sollte auf besonderer Planie und nicht in bestehende Straßen eingelegt werden. Auch letzterer Gedanke war erwogen worden. Die Dürrenberg—Leipziger Chaussee führte auf der sogenannten Salzstraße über Ötzsch bis ans Zollhaus bei Queisitz und von da auf der Frankfurter Straße über Markranstädt nach Lindenau. Dieser Weg wäre 6000 Fuß länger gewesen, auch hätten die wellenförmigen Erhöhungen und Vertiefungen (hier hat man sie erkannt!) sowie mehrfache kürzere Krümmungen beseitigt werden müssen, sodaß man die Anlagekosten auf dieser Linie trotz des ersparten Grunderwerbs für höher hielt. Die anzulegenden Böschungen waren mit sehr flacher Neigung

---

[1] 1 preuß. Fuß = 0,3139 m.

geplant, damit die Felder bis an die Eisenbahn gehörig zu benutzen wären und für die darüber weggehenden Querwege kein bemerkliches Hindernis geschaffen würde. Vorerst war auch nur ein einfacher Schienenweg vorgesehen. Bei der Kürze der Bahn sollte festgesetzt werden, daß die Wagen, um sich nicht zu begegnen, in bestimmten Stunden in der einen oder anderen Richtung abfahren sollten. Da, wo ein Weg die Eisenbahn kreuzte, wurde die Bahn mit einer hölzernen, anzuschließenden Decke versehen, wozu der den Schlüssel führt, der auf der Bahn fährt!

In den bisher behandelten Punkten stimmen die Broschüre und der Aufsatz im Allgemeinen Anzeiger der Deutschen überein. Die Differenz zeigt sich in der Frage, wie soll die Eisenbahn ausgeführt werden. Es gibt ein recht charakteristisches und für die Geschichte der Eisenbahnentwicklung interessantes Bild, die beiden Entwürfe vergleichend gegenüberzustellen.

α) Der Dammweg.

A. Allgemeiner Anzeiger.	B. Broschüre.
Auf [dem], da oder dort mit flachen Böschungen, concav oder convex ausgeglichenen Tractus (Strecke) wird zuvörderst ein steinerner, oben 3½ Fuß breiter Dammweg, bestehend aus zwey parallelen, 1 bis 1½ Fuß starken, im Durchschnitt 4 Fuß hohen, innerhalb mit Bruchsteinstücken, Kies und Erde ausgestampften Mauern, aufgeführt, über welchen als Unterlager für die Eisenschienen, 24 Zoll vom Mittel auseinander, sechszöllige steinerne Würfel hervorgehen, wobei jedoch, statt jeden 4ten Paares Würfel, ein ganzer 3½ Fuß langer, in der Mitte 6 Zoll vertiefter Querstein gelegt ist, damit der Schienen-Tractus (Zug)	Auf [dem] hie und da mit sehr flachen Böschungen concav oder convex ausgeglichenen Tractus wird zuvörderst ein kleiner Dammweg, etwa 1½ Fuß hoch, 6 Fuß breit, aufgeführt, auf welchem als Unterlage für die Eisenschienen, gehörig untermauert, auch, da nötig auf einen Rostpfahl gegründet, die steinernen Würfel von einem Cubicfuß Inhalt, in der Länge der Bahn 36 Zoll und in der Breite derselben 28 Zoll, von Mittel zu Mittel, aus einander gelegt werden, wobei jedoch statt jeden 4ten Paares Würfel ein ganzer einen Fuß ins Geviert haltender Querstein von 3½ Fuß Länge angenommen ist, damit die Eisen-

auch seitwärts in seiner bestimmten Lage sich erhält. Die Oberflächen der Lager werden alsdann für die gerade auf und absteigende Linie genau abgearbeitet, und in der Mittellinie jedes Querlagers, also 8 Fuß in der Länge und 2½ Fuß in der Breite auseinander, ein 1½ Zoll ins Geviert starkes, 3 Zoll tiefes Loch eingemeißelt.

bahn auch seitwärts in ihrer bestimmten Lage sich erhält. Die Oberflächen dieser steinernen Lager werden nun für die gehörig gerade aufsteigende Linie, und damit die Eisenschienen im Lichten genau 24 Zoll parallel aus einander zu liegen kommen, mit Genauigkeit abgearbeitet und in der Mitte der Würfel, 28 Zoll in der Breite und 36 Zoll in der Länge von einander, für einen einzuschlagenden hölzernen Bolzen ein Loch, einen Zoll ins Gevierte stark und 4 Zoll tief, ausgemeißelt.

Gemeinsam ist den beiden Vorschlägen die Unterstützung der Schienen auf einzelnen Stützpunkten, steinernen Würfeln in Abwechslung mit steinernen Querschwellen. Aber während bei B lediglich die Stützpunkte durch Untermauerung oder Rostpfahl gesichert werden, sah A zwei durchgehende Mauern vor, aus denen dann die Würfel hervorragten. Wahrscheinlich kann man in dieser letzteren Anordnung eine, allerdings falsch angewandte, blinde Nachahmung der Gerstnerschen Unterstützungsmauern bei dem ersten Teile der Budweis-Linzer Bahn sehen. Falsch angewandt ist Gerstner deshalb, weil er sogenannten amerikanischen Oberbau — schwache Eisenschienen auf durchgehenden Holzbalken — anwandte und ausdrücklich diesen Holz- und Eisenschienen ein durchgehendes Auflager auf den Mauern bieten wollte zur Vermeidung schädlicher Durchbiegungen. Beim Türrenberger Projekte war aber den Schienen eben durch die Einzelstützen volle freie Tragfähigkeit zugewiesen. Es ist deshalb nicht ersichtlich, welche Gründe im Anfange zu den teuren Parallelmauern geführt haben. Der Vorschlag B ließ sie auch fallen. Die Gegenüberstellung läßt überhaupt erkennen, daß B gegenüber A klarer durchdacht und konstruktiv besser, moderner angelegt ist. Man muß infolgedessen vermuten, daß nach der Veröffentlichung von A irgend ein Sachverständiger den Verfaffer des Projekts auf die Mängel und Unklarheiten aufmerksam gemacht hat und daß seine Gegenvorschläge in die Broschüre aufgenommen sind. Erstaunlich bleibt dies allerdings bei der Kürze der Zwischenzeit. Es ist sehr zu bedauern, daß die ängstliche Verschweigung jeglichen Namens die Urheber dieser Gedanken nicht erkennen läßt. — Gemeinsam ist ferner der geringe Querabstand der Steinwürfel, 24 bzw. 28 Zoll von Mitte zu Mitte (0,6277 bzw. 0,7323 m). Die Bahn sollte demnach schmalspurig werden, im Gegensatz zu dem bisherigen Gebrauche, etwa die Spur der ortsüblichen Fuhrwerke zu wählen. Hierin ist entschieden der Einfluß von Baaders Gedanken zu erkennen, der die schmale Spur vorschlug, um die Breitenabmessungen und damit den notwendigen Grunderwerb oder — bei Führung auf Landstraßen — die Einengung des übrigen Verkehrsraumes herabzusetzen. Baader gab seiner Eisenbahn 22 rheinländische (= preuß.) Zoll Spurweite. Das Dürrenberger Projekt erhöhte diese Zahl zunächst auf 24, dann auf 28 Zoll. Man scheint demnach der genügenden Standfestigkeit bei 22 Zoll doch nicht recht getraut zu haben, trotz Baaders Versicherungen. Die Schmalspuranlage mußte auch Veranlassung geben, besondere Rollwagen zum Transporte beladener Frachtwagen zu bauen. Leipzig—Dürrenberg, das erste Schmalspurprojekt in Sachsen! Die Differenz in dem Längsabstande der Würfel ist begründet in der verschiedenen Oberbauart, ebenso die Lochung. Besonders ist vielleicht noch hinzuweisen auf den hölzernen Bolzen, der bei B. in die Steinwürfel eingelassen wird. Dieser Gedanke, die eisernen Befestigungsnägel nicht in den Stein einzutreiben (aus Furcht vor dem Zerspringen) wurde nach englischen Vorbildern von Baader übernommen und angegeben. Die Neuzeit hat auf ihn bei ihren Eisenbetonschwellen zurückgegriffen.

β) Die Schienen.

A.

Die Schienen, vierkantige Balken von Gußeisen, 8 Fuß lang, 2 Zoll hoch, 1¼ Zoll

B.

Jede der gußeisernen Schienen, welche auf diese Würfel zu liegen kommen, ist 3 Fuß lang, breit — sind an den beiden Enden mit einer winkelrecht umgebogenen, 3 Zoll langen, 1¼ Zoll breiten, ⅝ Zoll starken Krampe, worin ein ¾ Zoll tiefer Falz befindlich, versehen, damit die Schienen in einander greifend, durch Nieten an einander zu ziehen sind und die Krampen werden in die Löcher der Unterlagen mit Blei eingegossen, wobey zu berücksichtigen, daß das Legen der Schienen bei kalter Witterung geschehe, damit das Ausdehnen derselben bei warmer Witterung nur durch unmerkliche Seitenbiegungen Statt finde.

3 Zoll breit, 1 Zoll stark, mit einer an der äußeren Seite des Tractus 1½ Zoll aufwärts gehenden, unten ⅔, oben ⅓ Zoll starken und einer auf der inneren Seite 1½ Zoll niederwärts gehenden ⅓ Zoll starken Krempe. Wo die Schienen zusammengestoßen sind, ist an der einen ein 2 Zoll breiter, 1½ Zoll langer, ½ Zoll starker Zapfen angegossen, und in der andern Schiene befindet sich das Loch dazu mit einem geringen Spielraum, wodurch selbige in einander gesteckt werden. In der Mitte des Zapfens geht durch die Schienen ein senkrechtes ½ Zoll ins Geviert starkes Loch für einen in den hölzernen Bolzen einzuschlagenden eisernen starken Nagel. Zugleich geht ein schwächeres Querloch durch beide Schienen und den erwähnten Nagel, in welchen ein gewöhnlicher Bretnagel geschlagen und vernietet wird. Beide Nägel ziehen die Schienen fest aneinander und befestigen den Tractus auf die Unterlage und in sich selbst zur fortdauernd unverrückten Lage, wobei darauf zu sehen ist, daß das Befestigen und Zusammenziehen der Schienen bei kalter Witterung geschieht, damit für die Ausdehnung derselben, bei warmer Witterung, der nötige Spielraum in den etwa ¼ Linie weit gelassenen Fugen sich findet.

Die Oberbauanordnung ist grundsätzlich verschieden. A wählte vierkantige, hochgestellte Balken ohne besondere Ränder zur Spurhaltung, d. h. also das System der railroads. B ordnete breite, flache Schienen an mit aufrecht stehendem Außenrande für die Führung des Wagens und außerdem mit Rippe an der Innenseite nach unten zur Erhöhung der Tragfähigkeit, mithin das System der tramroads. Dieser Sprung prinzipieller Art erscheint zunächst unerklärlich; er findet aber seine Erklärung in der Verwerfung des zunächst geplanten Baaderschen Systems, die bei der folgenden Besprechung der Rollwagen hervortritt. Besonderes Interesse verdient die eingehende Beschreibung der Stoßanordnungen. A wollte die bei kalter Witterung aneinandergezogenen Schienen mit Blei eingießen und dadurch einen starr verbundenen Schienenstrang herstellen, dessen Temperaturänderungen den als unmerklich angesehenen Seitenbiegungen überwiesen wurden. Auch die Neuzeit hat zum Zusammenschließen der Enden gegriffen, nur mit dem Unterschiede, daß man bei warmer Witterung schließt und die Temperatureinflüsse der Zugfestigkeit des Materials überweist. Der Vorschlag B erkennt den großen Einfluß der Wärmeausdehnung und gibt deshalb den bei kalter Witterung verlegten Schienen Spielraum an den Enden. Gemeinsam ist beiden Vorschlägen die Verwendung von Gußeisen.

γ) Die Rollwagen.

A.

Ein Block von Tannenholz, 20 Fuß lang, 27 Zoll breit, 10 Zoll hoch, ist an beiden Enden mit zwey starken eisernen Beschlägen umfaßt, mit welchen er auf den $^1/_2$ Zoll starken stählernen Spillen seiner vier Räder ruht, die massiv von hartem Holze 30 Zoll hoch und mit 2 Zoll breiten, kupfernen, mit den Spillen concentrisch abgedrehten Reifen beschlagen sind. Am vorderen, so wie am hinteren Ende geht ein eiserner Doppelbügel herab,

B.

Ein Block, 20 Fuß lang, 2 Fuß breit, 10 Zoll hoch, von Tannenholz, ist mit zwei Beschlägen von $^1/_3$ Zoll starkem Eisenblech umfaßt, wovon zu beiden Seiten Eisen befindlich sind, welche die halbzirkelförmigen blechernen Räderdecken umklammern. Diese Räderdecken bestehen aus $^1/_4$ Zoll starkem Eisenblech, sind teils an jene Eisenklammern, teils vermittelst ihrer Lappen an den Block festgeschraubt, und in den Seitenwänden der

woran zwey horizontale Friktions= rollen sich befinden. Die beiden Rollen am Vorderbügel streichen an den äußeren, und die beiden Rollen am hinteren Bügel an den inneren Seitenflächen der Eisenschienen hin, um den Roll= wagen immer genau mitten über dem Schienentractus (Zug) zu halten, und zugleich die Ober= fläche desselben von Staub, Schmutz usw. zu reinigen.

Decken sind messingene Zapfen= lager, in welchen sich die stählernen Spindeln der Räder drehen. Die von hartem Holze massiv con= struirten Räder sind mit Reifen von gutem und zähem Eisen be= schlagen und mit festsitzenden, stählernen Axen genau abgedreht, wobei die Vorrichtung mit zu berücksichtigen wäre, daß vor den Vorderrädern ein kleines Bürsten= rädchen hergehe, um die Eisen= schienen, ehe der Wagen darüber hinrollt, von dem oben darauf befindlichen Schmutz und Sand zu säubern.

Das Eigenartige, Gemeinsame dieser Anordnungen ist der breite tragende Block, im Gegensatz zu den sonst üblichen, auf den Achsen ruhenden zwei Langträgern. Die Konstruktion bei A, die Wahl und der Name der Friktionsrollen zur Führung des Wagens beweist die schon vermutete Anwendung Baaderscher Ideen. Sie zeigt damit, wie weit doch deren Einfluß gedrungen ist. Anderseits aber beweist das plötzliche Fallenlassen dieser Anordnung zugunsten einer anderen, welche Unklarheit ohne prinzipielle Überzeugung in diesen technischen Fragen geherrscht haben muß. Die Angaben von A und B stellen dar ein Gemisch von Baader, Gerstner, Einflüssen von Nachrichten aus England und privaten Gedanken. Es ist zeitgeschichtlich hoch= interessant, daß in den beiden Dürrenberger Projekten, die allem Anscheine nach nicht wie die übrigen von selbständig schaffenden Männern (wie Baader, Gerstner, Henschel) entworfen sind, Bilder jener Entwicklungsperiode überliefert sind.

Wie schon erwähnt, konnte bei den eingetretenen Änderungen der aufgestellte Kostenanschlag in seinen Einzelposten nicht er= halten bleiben. Er wurde deshalb umgearbeitet unter Einhaltung der Endsumme von 100 000 Tlr.

d) Kostenanschlag.

A.

6000 Thlr. für 1 555 200 Quadratfuß Land oder 2 Hufen zu 30 magdeburg. Morgen, — den 50 000 Fuß langen Tractus (Weg) im Durchschnitt 31 Fuß breit angenommen.

6000 Thlr. für 3 000 000 Cubicfuß Erde aufzugraben, weiter zu fördern und fest zu stampfen, zu 2 Thlr. für 1000 Cubicfuß, um den Tractus zum geraden Auf- und Niedersteigen mit flachen Böschungen einzuschneiden oder zu erhöhen, — durchschnittlich auf ein Profil von 25 Fuß untere oder obere Breite und 4 Fuß Höhe gerechnet [1].

6000 Thlr. für fünf Brücken zwischen Leipzig und Lindenau und für 5 Unterwölbungen des Dammweges daselbst, auch für zwey Untermauerungen des Tractus (der Bahn) bey Miltitz und Kötzschau, wobey 4000 Thlr. für Materialien und 2000 Thlr. für Arbeitslohn angenommen ist.

25 000 Thlr. für 800 000 Sandstücksteine von Weißenfels zu $1/50$ Thlr., 6250 Stück Sandquadern zu 1 Thlr. und 1750 Thlr. für Kalk zu den zwey Bekleidungsmauern, und 1000 Thlr. für Bley zum Eingießen der Eisenschienen auf denselben.

B.

4000 Thlr. für 1 555 200 Quadratfuß Land oder zwei Hufen à 30 Magdeburgische Morgen — (den 50 000 Fuß langen Tractus im Durchschnitt 31 Fuß breit angenommen).

5000 Thlr. für 3 000 000 Cubicfuß Erde aufgraben, weiter zu fördern und festzustampfen, à $1 2/3$ Thlr. für 1000 Cubicfuß, um den Tractus zum geraden Auf- und Niedersteigen mit flachen Böschungen einzuschneiden oder zu erhöhen — (durchschnittlich auf ein Profil von 25 Fuß unterer, 5 Fuß oberer Breite und 4 Fuß Höhe gerechnet).

5000 Thlr. für 5 Brücken zwischen Leipzig und Lindenau à 500 Thlr. und für 5 Unterwölbungen des Dammweges daselbst à 250 Thlr., auch für 2 Untermauerungen des Tractus bei Miltitz u. Kötzschau à 125 Thlr. — (wobei 1000 Thlr. für Rostbalken, 1000 Thlr. für gebrannte Mauersteine, 1000 Thlr. für Sandquadern und Kalk, und 2000 Thlr. für Arbeitslohn angenommen ist).

15 000 Thlr. für 24 000 Stück Nebraische Sandsteinwürfel à $1/3$ Thlr., 500 dergl. 3 Fuß lange Sandsteine, à 1 Thlr. zu den Lagern der Eisenschienen; ingleichen 160 Ruthen Bruchsteine, à $12 1/2$ Thlr. zum Untermauern dieser Lager.

---

[1] Berechnung unklar.

32000 Thlr. für 8000 Centner Gußeisen zu 12500 Eisenschienen zu 4 Thlr.

10000 Thlr. Arbeitslohn zum Aufmauern und Ausstampfen der Wände, Bearbeiten der Lager, Legen und Eingießen der Schienen usw.

3000 Thlr. für zwey überbaute Schuppen zum Abladen und vorläufigen Aufspeichern der Waaren, nebst darin befindlicher Wohnung für den Bahnwärter — an beiden Endpunkten der Eisenbahn.

2000 Thlr. für 25 Rollwagen nebst anderen Utensilien (Bedürfnisse; Gerätschaften); hierüber

10000 Thlr. zur Deckung der Ausführungskosten und der Extraausgaben.

49000 Thlr. für 12250 Centner Gußeisen zu 33333 Schienen, jede 40 Pfd. schwer, à 4 Thlr. pro Centner.

1500 Thlr. für hölzerne Pflöcke in die Unterlagen und eiserne Nägel zur Befestigung der Bahn.

5500 Thlr. für Arbeitslohn für's Untermauern und Setzen der Lager und gehöriges Legen und Befestigen der Schienen darauf.

2500 Thlr. für 3 überbaute Wendedocken, eine bei Leipzig und 2 in Dürrenberg mit darinnen befindlichen Wohnungen für die Bahnwärter.

2500 Thlr. für 25 Rollwagen à 80 Thlr. nebst anderen Utensilien. Hierüber

10000 Thlr. zur Deckung der Ausführungskosten, Frachtlohn für's Eisen und Extra-Ausgaben.

Wobei angenommen ist, daß die Materialien auf der vom Saalen-Ufer anzulegenden Eisenbahn größtenteils zugefördert werden können.

Die beiden Kostenanschläge bieten in ihren Angaben eine willkommene Ergänzung der Konstruktionsangaben. Die Schienen bei B sind um 17000 Tlr. höher veranschlagt als bei A. Diese 17000 Tlr. mußten an anderen Stellen gekürzt werden. Die Kürzungen beleuchten grell die Leichtfertigkeit der Anschläge. So wird der Grunderwerb bei derselben Grundfläche von 6000 auf 4000 Tlr. herabgesetzt, die Erdarbeiten bei gleichen Massen von 6000 Tlr. auf 5000 Tlr. usw. Schließlich verdient noch Interesse die Notiz bei B, den Materialtransport für den Bau durch Benutzung der bereits fertigen Bahnstrecken zu verbilligen. Dieser Gedanke spielte, wie früher gezeigt, damals allgemein eine große Rolle.

Zum Beweise, daß das Projekt B besser durchgearbeitet war als A, können noch folgende Angaben dienen. Sie finden sich bei B und sind bei A völlig vergessen. Zwischen dem Saaletale bei Dürrenberg und dem Höhenrande besteht ein Höhenunterschied von etwa 14 m. Nach A war auf dieses schnelle Ansteigen keine Rücksicht genommen. B beachtete die Höhe, indem es „einen Kloben oder sonstige Verstärkung der Zugkraft" anordnete, kurz, in den Bahntraktus eine schiefe Ebene nach damaligem Gebrauche einlegte. Die Linienführung war gradlinig gedacht. Doch zeigte es sich, daß die Ausfahrt in Dürrenberg und die Zufahrt zum Halleschen Tore in Leipzig doch nicht ohne Richtungswechsel möglich war. Es wurden deshalb von B bei Dürrenberg und Leipzig Wendedocken (Drehscheiben) vorgesehen; sie sollten überbaut als Wärterhaus dienen. Schließlich galt es noch einer wichtigen, nichttechnischen Frage zu gedenken: des Überschreitens der Zollgrenze. Projekt A erwähnte hiervon merkwürdigerweise nichts; Projekt B schlug vor: „Wegen des Grenz=Zolles auf der die Landes= Grenze zwischen Alt=Rannstädt und Miltitz durchschneidenden Eisenbahn wäre zu bemerken, daß vor der Hand ein Ansage= Posten daselbst, und künftig in Dürrenberg, wenn hier ein Stapelplatz für die Eisenbahn sich gebildet hat, ein Zollamt zu etablieren sein möchte."

Den beiden Projekten sind zum Schlusse Bemerkungen hinsichtlich der Verwirklichung der Idee angefügt. Der Weg hierzu sollte folgender sein: Das größere Publikum von den Vorteilen der Bahn zu überzeugen; Erwirkung der Aus= führungserlaubnis von dem kgl. preuß. und kgl. sächs. Staate; Geldbeschaffung durch Aktien zu 200 Talern; Beauftragung eines Ingenieurs mit Absteckung der Linie und Bearbeitung der Unterlagen; Einleitung des Grundankaufes; Gründung einer Kommission aus den Aktionären heraus zur Leitung des

Unternehmens; Ausführung des Baues unter Leitung eines Ingenieurs.

Das Schicksal dieses mit viel Liebe für die Sache aufgestellten und vertretenen Vorschlages entsprach jedoch den Erwartungen nicht. Der erhoffte Anklang blieb aus. Am 1. Oktober 1826 brachte das Elbe-Blatt die kurze Anfrage, welche Hindernisse dem Vorschlage entgegenstünden. Am 2. Dezember erhielt die Redaktion eine ähnliche Anfrage aus Stralsund und antwortete darauf am 29. Dezember, es müßten vorerst Aktiensubskribenten sich in hinreichender Anzahl melden, eher können Herr F. in D. nichts veranstalten, und kündete die Preisherabsetzung für die Broschüre auf 6 g. Gr. an. Die Elbe-Blätter des Jahres 1827 veröffentlichten noch viermal Aufsätze über das Unternehmen, dann schläft es ein. (Aufsätze vom 14. Februar, 28. Februar, 7. März, 21. März.) Es ist unmöglich, im Rahmen dieser Abhandlung auf diese Aufsätze so eingehend wie auf das Projekt selbst einzugehen. Sie stammen zum größten Teil aus der Feder des Verfassers der Idee und haben die Aufgabe, immer erneut auf die Wichtigkeit des Planes hinzuweisen, Zweifel und Einwände zu vernichten, weitere Vorschläge zur Verwirklichung und zur Ein- und Rückzahlung des Anlagekapitals zu unterbreiten. Ihre ausführliche Darstellung kann auch unbedenklich entfallen, da sie zum Teil nur Wiederholungen des früher Gesagten enthalten und besonderen Einfluß auf den Gang der Ereignisse, auf die Vorgeschichte des sächsischen Eisenbahnwesens nicht genommen haben. Nur die wichtigsten Gedanken sollen hervorgehoben werden, teils weil sie zum Beweis bereits entwickelter Anschauungen dienen, teils weil sie entwicklungsgeschichtlich besonders wichtig und eigenartig erscheinen.

"Wahrscheinlich war die Zeit, wo der Gegenstand dem Publikum bekannt wurde, nicht günstig genug, wegen der damaligen unerwarteten großen Banquerotte und schlechten Commerzialverhältnisse, die denjenigen, auf die hierbei besonders gerechnet werden konnte und durfte, Muth und Besinnung für fremde Gegenstände benahm, — wegen damaliger

Furcht und Hoffnung, daß Sachsen sehr nahe daran sei, sein Salz ehestens selbst aufzufinden, — wegen der damaligen äußerst geringen Getreidepreise, durch welche das Fuhrlohn so sehr herabgedrückt war, daß das Unternehmen weniger vorteilhaft erscheine usw." (Elbe-Bl. 14. Febr. 1827). Diese Einwände wurden als überwundene Hindernisse zu entkräften gesucht. Die Zweifelsfrage: Ist es wohl ratsam, dergleichen Anlagen wegen verminderter Nahrung mancher, vom Frachtfuhrwerke lebender Menschen zu begünstigen? wurde am 28. Februar zugunsten der Eisenbahn beantwortet als eines Mittels zur Förderung des Verkehrs und des Verbrauchs an Natur- und Kunstprodukten. Im bereits erwähnten Aufsatze vom 14. Februar wurde der Regierung der Vorschlag gemacht, mit einer gewissen Anzahl Aktien hervorzutreten, um dadurch dem Publikum ein Zeichen des Zutrauens und der Begünstigung für die Sache zu geben. Das Dürrenberger Projekt bot überhaupt Gelegenheit, die Beteiligung des Staates besonders zu erörtern wegen der dem Staate zustehenden Salztransporte, auf denen die Rentabilität der Linie beruhte. Die Erwägungen führten zu folgendem hochinteressanten Vorschlage: Wenn der Staat einem Unternehmer die Salztransporte für eine gewisse Anzahl von Jahren für ein geringes Frachtlohn überläßt, so wird dieser die Bahn mit Bewilligung der kgl. preuß. und kgl. sächs. Behörden sich anlegen und schon allein aus dem Ertrage des Salztransportes binnen kurzer Zeit das Anlagekapital mit Zinsen zurückgewinnen und hierauf **die Bahn selbst der Regierung** unter gewissen Bedingungen als Staatseigentum überlassen können. Es wurde damit von privater Seite dem Staate ein Weg vorgeschlagen, den Deutschland damals versäumt hat zu beschreiten, Frankreich dagegen gegangen ist: das Anheimfallen der Privatbahnen an den Staat nach gewisser Zeit. Bei den Verhandlungen der Zweiten Kammer des sächsischen Landtages über das Enteignungsgesetz am 22. Oktober 1834 wurde der Gedanke von einem Abgeordneten erwähnt, vielleicht ein Nachklingen jener Leipzig-Dürrenberger Erörterungen. Um so auffallender ist die Mitteilung der sächsischen Regierung an die Ständeversammlung 1863/64, die sächsische Regierung habe bei den Verhandlungen über die für die Leipzig—Dresdner Bahn zu erteilenden Privilegien so wenig an die Wichtigkeit des Eisenbahnwesens gedacht, daß der Staat sich nicht einmal das Recht des Anheimfallens nach einer gewissen Reihe von Jahren vorbehielt. — Die erwähnten gewissen Bedingungen für den Übergang an den Staat wurden an späterer Stelle weiter entwickelt: Am 28. Februar wurde eine käufliche Überlassung vorgeschlagen; am 7. März folgte nachstehende ausführliche Darstellung, die wörtlich hier Platz finden möge: „Die Unternehmer [wollen] darum nachsuchen, daß ihnen die Salz-Anfuhre für das Königreich Sachsen von Dürrenberg bis Leipzig und zwar als Minimum jährlich 4400 Lasten auf 15 hintereinanderfolgende Jahre ... für vier Thaler pro Last à 4000 Pfd. Frachtlohn huldreichst zugesichert und in vierteljährigen Terminen ausgezahlt wird. Von diesem jährlichen Quanto wollen sodann die Unternehmer monatlich 300—500 Lasten Salz von Dürrenberg nach Leipzig fördern und zwar, vermittelst der auf der Eisenbahn gehenden Rollwagen ... um selbiges in dem am Ende der Bahn errichteten Magazine aufstapeln und den Königl. sächs. Beamten und Vorstehern des Hauptsalzlagers übergeben zu können. Unter anzuhoffender Genehmigung dieses Contrakts würde alsdann der Regierung für die anderweiten 15 Jahre ... die freie Benutzung der Eisenbahn für das von D. nach L. zu transportierende Salz übergeben; — wogegen während der besagten ersten und letzten 15 Jahre, also 30 Jahre lang ... die Unternehmer sich den alleinigen Gebrauch der Eisenbahn für alle übrigen von D. nach L. zu transportierenden Frachten vorbehalten und deshalb um Erlangung eines Privilegii von preuß. und sächs. Seite nachzusuchen haben würden. ... Nach Verlauf der 30 Jahre könnte dann, gegen billige Vergütung des Inventarii, die Eisenbahn mit Zubehör, der Königl. preuß. sowohl, als der Königl. sächs. Regierung, soweit die Territorien derselben gehen, als Staats-Eigentum übergeben zu wollen, versprochen werden." Es ist sehr bedauerlich, daß diese Verhandlungen nicht stattgefunden haben. Sie hätten interessante Aufschlüsse gegeben. Die Einziehung des Aktienkapitals in Höhe von 105 000 Tlr. war durch 21 000 Aktien zu je 5 Tlr. geplant. Man hatte also den ersten Aktienansatz von je 200 Tlr. auf je 5 Tlr. herabgesetzt zur Erleichterung der Unterbringung. Die Rückzahlung der Aktienscheine nebst 5 % jährlichen Zinsen sollte im Laufe von 15 Jahren, gruppenweise jährlich 1400 Stück, erfolgen. Außerdem waren noch jährlich 1150 Tlr. zur Verlosung als 40 Prämien eingesetzt, um desto mehr Liebhaber zu dieser wichtigen Beförderung der Industrie zu gewinnen. Den Prämien widersprach ein Gottfried Günther jun. aus Lößnitz, da sie nur Wenigen zugute kämen. Diese Einsendung ist das Letzte, was das Elbe-Blatt über das Projekt meldet.

Die Gründe, welche zu dieser Interesselosigkeit dem Vorschlage gegenüber geführt haben, sind wohl in erster Linie in den — in den Elbe-Blättern selbst erwähnten — ungünstigen Zeitumständen und deren lähmenden Wirkungen zu suchen. Hierzu möge das Überschreiten der Grenze gekommen sein, das außer den Zollschwierigkeiten Verhandlungen mit zwei Staaten verlangt hätte, deren Langwierigkeit man wohl gescheut hat. Auch hat der Widerstand der Fuhrleute usw. seine bekannte Rolle gespielt. Diesen Gründen wird folgender sich zugesellt haben, wobei aber hier nur die Vermutung ausgesprochen werden kann ohne zeitgenössischen Beweis. Das Projekt fand eifrigste Vertretung durch die Elbe-Blätter und insbesondere deren Herausgeber Hasse. Es ist sehr wahrscheinlich, daß man in den in Frage kommenden Leipziger Geldkreisen zu Hasse nicht das Vertrauen eines in Geldanlagen zuverlässigen Mannes hatte und das Mißtrauen auf die von ihm vertretenen Unternehmen übertrug. Als Grundlage zu der Vermutung dient folgender Aktenvorgang[1]: Am 8. Oktober 1828 reichte Hasse eine Eingabe ein mit der Bitte um Genehmigung des Unternehmens eines polytechnischen Vereins für Sachsen. Der

---

[1] Kgl. Sächs. Hauptstaatsarchiv, Loc. Nr. 11 172.

Kreishauptmann von Wintersheim wurde mit Erkundigung über den Verein und die Verwaltung seiner Gelder beauftragt. Sein Bericht (vom 10. Januar 1829) ist vernichtend für Hasse: Bei Anerkennung seiner mehrseitigen Bildung, Kenntnisse, Tätigkeit und unverkennbaren Eifers für das Gemeinwohl muß ihm die Fähigkeit zur Leitung des Vereins und insbesondere der Kassenverwaltung abgesprochen werden wegen Mangels an Ordnung und Wirtschaftlichkeit, der etwas zerrütteten Vermögensverhältnisse und des daraus hervorgegangenen zweifelhaften Rufes. Diese Meinung über Hasse sei in Leipzig, wo Hasse sich früher eines allgemeinen Vertrauens zu erfreuen schien, die vorherrschende. Wahrscheinlich hat sich die Erkenntnis bereits in den Jahren 1826/27 verbreitet und das Vertrauen zu Hasse untergraben.

Das Dürrenberger Projekt versank unbeachtet in der Vergessenheit. Sein Erscheinen, sein Inhalt bietet einen interessanten Beitrag nicht allein zur sächsischen, sondern in gleicher Weise zur preußischen und thüringischen Eisenbahngeschichte.

Alte Mordgrube.

Als letztes in der Reihe der Eisenbahnmassengüter ist das Erz zu nennen. Erz hatte in Steiermark schon zeitig die ersten eisernen Spurwege entstehen lassen. Sachsens erste Eisenbahn war eine Erzbahn. Zwar hat sie bei ihrer Kleinheit keine weltgeschichtliche Bedeutung. Sie trägt aber die charakteristischen Kennzeichen einer Eisenbahn in technischer und wirtschaftlicher Beziehung in ausgeprägter Weise an sich und ist außerdem von den Zeitgenossen voll als solche angesehen worden, so daß sie mit Recht als Sachsens erste Eisenbahn bezeichnet werden muß.

Als im Jahre 1833 die Leipziger Blätter ihre zahlreichen Aufsätze über die Eisenbahnen veröffentlichten, schrieb ein Freiberger Korrespondent in der Sachsenzeitung[1]: „Da in dieser Zeitung kürzlich von Eisenbahnen oder richtiger Eisenschienen-

---

[1] Sachsenzeitung 1833, Nr. 270.

bahnen die Rede war, so dürfte es nicht uninteressant sein,
die Resultate einer solchen mitzuteilen, die wir im Vaterlande
bereits haben und deren Existenz ohnehin noch wenig bekannt
ist. Sie befindet sich bei der Bleizeche Alte Mordgrube im
hiesigen Bergamtsrevier, führt von der Grube nach der Wäsche
und ist freilich nur 911 Fuß lang." Die folgenden Zeilen
enthielten eine kurze Beschreibung der Anlage unter Angabe
der Anlagekosten, der erzielten Frachtersparnis gegenüber dem
früheren Transport mit zweispännigen Fuhren, der Beförderungs=
dauer. Ergänzt wurden sie durch kurze Notizen eines zweiten
Privatmitteilers [1]. Diese Angaben beruhen wahrscheinlich auf
den Veröffentlichungen über die Schienenbahnförderung auf Alte
Mordgrube Fbgr. im Kalender für den Sächsischen Berg= und
Hüttenmann [2], der bei der Königl. Bergakademie zu Freiberg
erschien. Diesen wiederum liegt zweifellos das amtliche Material
zugrunde, das sich in den Akten des Bergamtes Freiberg be=
findet. Dies möge deshalb auch der folgenden Darstellung als
Grundlage dienen unter Ergänzung nach anderen Quellen.
Von der älteren Literatur erwähnt List die Bahn [3]: Noch ver=
diene eine kleine, 900 Fuß lange Bahn bei der Alten Mord=
grube im Erzgebirge wegen ihres bedeutenden Ertrages Er=
wähnung. Ungeachtet der sehr kostspieligen Anlage habe sie
seit ihrer Erbauung 14 Pct. rein getragen. Von der neueren
Literatur kennt sie nur Marggraff [4].

Die Eisenschienenbahn bei Alte Mordgrube Fundgr. hatte [5]

---

[1] Sachsenzeitung 1833, Nr. 271.
[2] 1833, S. 73 und 89.
[3] Aufruf an unsere Mitbürger in Sachsen, die Anlage einer Eisen=
bahn zwischen Dresden und Leipzig betr. S. 10.
[4] H. Marggraff, Die Vorfahren unserer Eisenbahnen und Dampf=
wagen, München 1884, S. 51.
[5] Die Angaben beruhen auf folgenden Quellen: 1. Bergamt Frei=
berg: Act. Nr. 3320e Vol. VI. Das Berggebäude Alte Mordgrube
Fundgrube sammt Zubehör aufm oberen Brande s. w. d. anhängig be=
treffend. Bl. 272 und Bl. 275. — 2. Bergamt Freiberg: Act. Nr. 4855
Vol. I. Eisenbahnen s. w. d. a. betr. 1831—44. Bl. 1 und Bl. 13. —
3. Bergamt Freiberg: Act. Nr. 3320 f. Vol. VII. Das Berggebäude

zwischen Wäschehausgiebel und der Stirnmauer des Röschen=
mundloches in der Halde 455 Ellen 10 Zoll Länge [= 260,24 m],
zwischen der in der Halde des Kunst- und Treibeschachtes
niedergehenden Rolle und den Pochrollen in dem Poch- und
Wäschegebäude gemessen 134 Lachter = 469 Ellen Länge
[= 268,00 m]. Sie hatte auf 446 Ellen[1] flache Länge
8⅚ Elle saigeres Gefälle, indem die letzten Ellen söhlig geführt
waren [entspricht einer Neigung 1:50,48]. Der Oberbau war
der sogenannte amerikanische: ⅜ Zoll starke und 2½ Zoll
breite, nur durch den Hammer glattgeschmiedete Eisenschienen
von 6 Ellen Länge waren auf hölzernen Straßbäumen befestigt
mittels je 4 Nägel von 3 Zoll Länge und mit versenkbaren
Köpfen. Eigenartig war die Anordnung der Eisenbeschläge an
den äußeren Kanten der Straßbäume, so daß demzufolge die
Räder des Förderwagens die Spurkränze an der Außen=
seite trugen. Leider fehlen die Angaben über die Spurweite;
doch lassen die Breitenabmessungen des Wagenkastens (20 Zoll)
auf schmale Spur schließen. Die Bezugsquelle für die Schienen
ist in den Mordgrubenakten selbst nicht genannt. Doch ist sie
zu ersehen aus einem Berichte des Bergamts Freiberg über
die Anwendung der Eisenbahnförderung auf Kurprinz Friedrich
August betr. vom 13. Mai 1837[2]. Darnach wogen bei der
Alten Mordgrube: a) 80 Stück 6 Ellen lange, ⅜ Zoll dicke
und 2½ Zoll breite von Pfeilhammer bei Schwarzenberg
(Besitzer: von Elterlein) bezogene Schienen zusammen 2411 ℔
und kosteten à ℔ — 1 gr. 5 ₰; b) ferner 75 dergl. aus
Münzners Eisenhammer bezogene Schienen 2591 ℔ und kosteten
à ℔ — 1 gr. 6 ₰. Die Schienen sind somit sächsischen Ur=
sprungs. Die Oberbauanordnung bewährte sich; wenigstens

Alte Mordgrube Fundgrube pp. 1832—38. Bl. 26. — 4. Bergamt
Freiberg: Act. Nr. 3558 Vol. XI (Churprinz Friedrich August Erbst.
betr.). Bl. 15. — 5. Calender für den Sächsischen Berg= und Hütten=
mann 1833, S. 73 und 89.
[1] 1 Sächs. Bergelle = 24 Sächs. Bergzoll = 0,5714 m.
[2] Bergamt Freiberg: Act. Nr. 4855 Vol. I, S. 13. — Act. Nr. 3558
Vol. XI, S. 19, geringfügig andere Zahlen.

erwähnt obiger Bericht ausdrücklich, es seien während siebenjähriger Gebrauchszeit nur höchst unbedeutende Reparaturen, und zwar wegen einzelner herausgezogener Nägel an den Schienen, nötig gewesen, auch hätten sich die Eisenschienen während dieser Zeit so gut wie um nichts abgenutzt. Auch die hölzernen Straßbäume — der kritischste Punkt im amerikanischen Oberbau — bewährten sich. Während der sieben Jahre mußten nur drei ausgewechselt werden. Bald nach Inbetriebnahme der Bahn (Ende 1830) wurde aber folgende interessante Beobachtung an den sechs Ellen langen Schienen gemacht: „Die angegebene Länge ist jedenfalls als die größte anzusehen, die zur Not noch zulässig erscheint, indem der Einfluß zwischen Morgen- und Mittagswärme bereits am 12. April sich sehr merklich zeigte, und Schienenwechsel, die früh um 6 Uhr noch $^1/_4$ Zoll offen waren, um 10 Uhr sich bereits sehr scharf geschlossen hatten. Ja man war sogar späterhin genötigt, diese Stoßfugen durch Nachfeilen noch etwas zu erweitern, weil die Schienen sich in der Mittagshitze zu werfen und die gegen 3 Zoll langen Nägel sich zu ziehen anfingen. Indes traf diese Nacharbeit nicht alle Fugen, da manche Schienen sich weniger als andere ausdehnten, was jedenfalls in der Verschiedenheit der inneren Textur des Eisens selbst seinen Grund hat[1]." —
Zur Herstellung der Bahnplanie wurde ein besonderer Damm aufgeschüttet. Dieser, Mitte 1829 begonnen, war 3 Ellen breit, 1 bis 10 Ellen hoch und zum Teil mit Futtermauern belegt. Es ist aus den Beschreibungen nicht zu erkennen, ob die Straßbäume unmittelbar auf dem Damme lagen oder auf Querschwellen. In dem Kostenberichte sind Querlager erwähnt. Zur Beförderung der Pochgänge diente ein sogenannter englischer Wagen (im Gegensatze zum ungarischen und zum deutschen Hunt). Seine lichten Abmessungen waren: 2 Ellen lang, 1 Elle hoch, 20 Zoll weit; er wog leer 7 Ztr. 25 lb., gefüllt 19 Ztr. 38½ lb. Die Führung des Wagens an den Schienen geschah, wie schon erwähnt, durch Spurkränze an den Außenseiten der Räder. Als weitere Eigentümlichkeit an ihm hatte

---

[1] Bergamt Freiberg: Act. Nr. 3320e Vol. VI, S. 275.

jedes der vier eisernen Räder seine besondere, in Messinglagern laufende Achse. Nach den damaligen Anschauungen empfahl sich diese Anordnung zum leichteren Durchlaufen der Krümmungen. Es ist jedoch nicht ersichtlich, warum man sie bei der kurzen grablinigen Strecke angewandt hat. Im Betriebe lief der gefüllte Wagen auf der geneigten Strecke von der Grube zur Wäsche von selbst infolge der Schwerkraft, wobei der bedienende Arbeiter mitfuhr und die Bremse bediente. Bahnaufwärts wurde dann der leere Wagen vom Arbeiter gestoßen. Man machte dabei die Beobachtung, daß der Wagen nach gefallenem Regen eine höhere Schnelligkeit erreichte und deshalb stärker gebremst werden mußte; starker Frost schien die Geschwindigkeit und Leichtigkeit des Ganges sehr herbeizuziehen. Die Förderung geschah sehr rasch. Es brauchten zwei Huntestößer: 2¼ Minute den Wagen zu füllen, 1½ Minute ihn voll hinunterzustoßen und ⅔ der untersten Hälfte der Strecke stark zu bremsen, 1 Minute ihn auszustürzen, 2¾ Minute ihn wieder heraufzustoßen, im ganzen also 7½ Minuten. Von besonderem Interesse sind schließlich noch die Kostenangaben und der Nachweis der Rentabilität, insbesondere deshalb, weil sie auf einer ausgeführten Anlage beruhen und nicht wie bei den Projekten jener Zeit auf Vermutungen. Die Herstellung der Eisenschienenförderung kostete im ganzen 2830 Tlr. — gr. 1 ₰, nämlich:

113 Tlr.	— gl.	— ₰	der Grundauskauf.
1995 „	11 „	5 „	das Aufstürzen des Dammes und Versehen der Seiten mit Mauer.
217 „	7 „	1 „	die Herstellung der hölzernen Bahn mit ihren Querlagern und der Barriere.
317 „	4 „	1 „	der Ankauf von 161 Stück 6 Ellen langen Schienen.
43 „	16 „	— „	die nötige Schmiedearbeit beim Aufziehen der Schienen und Herstellung der Sturzvorrichtung über den Pochrollen.
143 „	9 „	6 „	der englische Wagen.

uts.

Dieses Anlagekapital verzinste sich bereits im ersten Jahre mit 14 %, indem die jährliche Frachtersparnis zu 400 Tlr. anzusetzen war nach folgender Aufstellung:

Im Jahre 1830 wurde bezahlt für den Transport mit zweispännigen Wagen:

107 Tlr. 10 gl. 6 ₰ für 573 Fuhren Erz
430 „ 16 „ — „ für 2432 Fuhren Pochgänge

538 Tlr. 2 gl. 6 ₰ für 3005 Fuhren.

Dagegen kostete die Förderung mit dem englischen Wagen:

15 Tlr. 22 gl. — ₰ für 573 Fuhren Erz
50 „ 16 „ — „ für 2432 Fuhren Pochgänge

66 Tlr. 14 gl. — ₰ für 3005 Fuhren.

Die Ersparnis betrug darnach 471 Tlr. 12 gl. 6 ₰ oder nach Abzug von 71 Tlr. 12 gl. 6 ₰ für Unterhaltungskosten 400 Tlr.

Die Mordgrubenbahn war im Freiberger Bergwerksgebiete die erste und zunächst auch einzige eiserne Förderbahn über und unter Tage. Die Grubenvorsteher von Himmelfahrt hatten eine kurze Eisenbahn über Tage projektiert und dafür 47 Stück Schienen angeschafft[1], doch ist die Bahn nicht ausgeführt worden[2]. Die Einreihung der Mordgrubenbahn als erstes Blatt in das Aktenheft „Eisenbahnen" des Bergamts Freiberg beweist seine Stellung an der Spitze; ein älteres Aktenstück gibt es hier nicht. Die weiteren Blätter beziehen sich auf eiserne Spurbahnen über und unter Tage, zunächst insbesondere auf dem Kurprinz Friedrich August Erbstollen. Das erste Aktenheft des ehemaligen Oberbergamts zu Freiberg, die Anlage von Eisenbahnen betreffend (Nr. 11 219 Varia), beginnt mit Akten über die Leipzig=Dresdner Bahn, von 1833 an.

Dem Erztransporte von Grube zur Wäsche hat die Bahn gedient bis zur Stillegung der Alten Mordgrube Fdgr. In dem Grubengebäude ist eine Restauration („Zugspitze") ein=

---

[1] Bergamt Freiberg: Act. Nr. 4855 Vol. I, S. 15 ff.
[2] Bergamt Freiberg: Act. Nr. 3558 Vol. XI, S. 22 b.

gerichtet worden, in die Wäschegebäude ist die Industrie eingezogen, die Schienen sind verschwunden. Aber der alte Bahndamm steht noch uud läßt in seiner Gestalt seine ursprüngliche Gestalt, jenen alten Beschreibungen entsprechend, erkennen als ein Denkmal an Sachsens erste Eisenbahn. Der Zufall hat es gewollt, daß durch ihn hindurch die moderne Eisenbahn sich ihren Weg gebrochen hat[1].

4. Die Verbindung Leipzigs mit schiffbaren Strömen.
Die drei Wege nach Ost, West, Nord.

Erleichterung des Transports für die schweren Massengüter war der eine Grundgedanke der Eisenbahnen in damaliger Zeit, — Schaffung eines leichteren Zuganges zu schon bestehenden Verkehrswegen, insbesondere Schiffahrtswegen, ein zweiter. Dieser zweite Gedanke spiegelt sich in der sächsischen Vorgeschichte wider in den mannigfachen Bestrebungen Leipzigs, den Anschluß an Saale und Elbe zu erhalten. Zwei von diesen Wegen sind ernsthaft im Projekt erörtert worden, einen dritten — den nach Osten — ist man schließlich gegangen. In den vorstehenden Darlegungen konnte bereits mehrfach auf diese Bestrebungen hingewiesen werden; auf die wichtigsten Grundfragen war bei der Frage: Kanal oder Eisenbahn? einzugehen gewesen. Insbesondere das Dürrenberger Projekt diente als Übergang von den Massengüterbahnen zu den Schiffahrtsbahnen. Sollte es doch, wie dort gezeigt, nicht allein eine Lokalverbindung mit Dürrenberg schaffen, sondern zugleich den erstrebten Anschluß an die schiffbare Saale und an die auf ihr zu transportierenden Kaufmannsgüter von und nach Naumburg, Weißenfels, Merseburg, Halle, Magdeburg. Neben diesem Wege nach Westen — dem kürzesten — traten gleichzeitig, entsprechend eben den Kanalprojekten, die Wege nach Osten und Norden auf. Ersterer sollte die Elbe bei Strehla erreichen. Er bot vor allem den Vorzug, vollständig auf sächsischem Gebiete zu verlaufen und außerdem den kürzesten

---
[1] An der Haltestelle „Zug" der Linie Freiberg—Brand.

Weg nach Böhmen zu führen. Als Hindernis für ihn sah man die Überschreitung der Mulde und die Überwindung der beiden Wasserscheiden Elster/Mulde und Mulde/Elbe an. Hinweise auf dieses Strehlaer Projekt wurden bereits oben gegeben [1]. Für den Weg nach Norden standen verschiedene Möglichkeiten in Vorschlag: Leipzig—Dessau, Leipzig—Halle, Leipzig—Halle—Magdeburg. Die Sachsenzeitung des Jahres 1833 hob diese drei Wege ganz ausdrücklich hervor [2]. Für die Anlage dieser Nordbahnen sprach die Führung auf dem Rücken der Wasserscheiden zwischen Saale und Mulde, also — mit Ausnahme des Weges nach Magdeburg — ohne Überschreitung größerer Flüsse. Ferner wurde durch sie die an Getreide, Bau- und Brennmaterialien reiche Provinz Sachsen aufgeschlossen. Als hindernd trat ihnen der Übertritt über die Grenze ins „Ausland" entgegen. Eine starke Förderin erfuhren diese Bestrebungen in der auftauchenden Furcht vor der Umgehungsgefahr [3].

Leipzig—Halle—Magdeburg.

Die bis dahin nur vereinzelt und zusammenhanglos erschienenen Vorschläge nahmen im Jahre 1829 eine festere Gestalt an; fast schien es, als wenn die Bewegung zur Ausführung führen sollte. Der Bibliothekar der Handelskammer in Leipzig, Siegfried Moltke, hat 1912 die Entwicklung dieser Eisenbahnbewegung des Jahres 1829 nach Akten des Handlungsvorstandes in Leipzig veröffentlicht [4]. Es erübrigt sich deshalb, Einzelheiten des Projekts hier abzudrucken; vielmehr sei ausdrücklich auf die Moltkesche Schrift verwiesen [5]. Nur die

---

[1] Elbeblätter 1828, S. 99 und Sachsenzeitung 1830, S. 228 ff.
[2] Sachsenzeitung 1833, Nr. 270 und 276.
[3] Vgl. die Leipzig-Dresdner Eisenbahn in den ersten 25 Jahren ihres Bestehens, Leipzig 1864, S. 4.
[4] S. Moltke, Zwei Kapitel aus Leipzigs Handels- und Verkehrsgeschichte ... II. Ein Eisenbahnprojekt Leipzig—Magdeburg (1829), Leipzig 1912.
[5] Siehe auch Zeitung des Vereins deutscher Eisenbahnverwaltungen 1912, Nr. 47.

Hauptpunkte des Entwicklungsganges der Vollständigkeit dieser geschichtlichen Darstellung wegen und einige besonders interessante Sätze zur Bestätigung und Beleuchtung früherer Darlegungen mögen angefügt werden. — Den Ausgangspunkt der Bewegung bildete eine Denkschrift des Hallenser Kaufmanns Ludwig Wucherer an den Leipziger Stadthauptmann Ludwig Hartz. Sie wies zunächst allgemein auf die Bedeutung der Eisenbahnen als Verkehrsmittel hin unter Berufung auf Nordamerika, England, Frankreich. „Unter den Städten des mittleren Deutschlands gibt es wohl keine zweite, welche durch ausgebreiteten Handel sich eines so blühenden Wohlstandes erfreute als Leipzig; keine, welche den Wechsel der Dinge mehr erfahren und darunter gelitten hätte. Wäre die örtliche Lage Leipzigs anderer Art, z. B. wie die von Hamburg oder Magdeburg gewesen, so würden die politischen Ereignisse, welche hier so nachteilig einwirkten, wie bei jenen Städten vorübergehend gewesen sein, so aber haben die, aus der Lokalität entspringenden Beschränkungen, die durch politische Umwälzungen diesem Handelsplatze zugefügten Leiden in einer langen Reihe von Jahren nicht vermindert, sondern steigend vermehrt. Gerade diese seine Lage aber im eigentlichen Mittelpunkte Deutschlands scheint jetzt — wo der Menschen erfinderischer Geist Hindernisse der Art erfolgreich zu beseitigen gelehrt hat — die Mittel an die Hand zu geben, Leipzig auf seinen früheren hohen Standpunkt unter den deutschen Handelsplätzen zurückzuführen." Leipzig—Strehla und Leipzig—Halle wurden vergleichend gegenübergestellt mit einem Ergebnis zugunsten von Halle. Hierbei sprach neben den schon oben angeführten Gründen noch die Hoffnung mit, der zwischen Preußen einerseits und Bayern und Württemberg anderseits abgeschlossene Handelsvertrag werde nun die Kolonialwaren für Ostbayern über Halle—Leipzig lenken, d. h. lebhaftere Handelsbeziehungen zu Bayern hervorrufen. Die Denkschrift schloß mit der Bitte an die Deputierten des Leipziger Handelsstandes, die Vorschläge zu prüfen und im Falle der Zustimmung weitere Kreise dafür zu interessieren. Sollte dieses Interesse sich finden, so würde das gewählte Projekt näher auszuarbeiten, Verhandlungen mit den Regierungen wegen der Bewilligung zu führen und schließlich mit dem Aktienplan hervorzutreten sein. Man erkennt in diesem letzten Programm den gleichen Gedankengang wie beim Dürrenberger Projekt wieder. Die Denkschrift ist ein interessantes Spiegelbild der damaligen Anschauungen in den für die Frage interessierten Kreisen. Ihr beigefügt ist ein Kostenanschlag und eine kurze Berechnung der Betriebsergebnisse.

Angeregt durch diese Denkschrift nahmen eine Reihe von Männern sich lebhaft des Gedankens an, unter ihnen Carl Tenner, der später dem Direktorium der Leipzig=Dresdner Bahn mit angehörte. Dieser trat für den Weg nach Strehla ein und veranlaßte den Oberhüttenmeister Alex der gräflich Einsiedelschen Werke zu einem Gegenkostenanschlage. Doch ist im weiteren der Plan Leipzig—Strehla zurückgetreten und in diesem Zusammenhange nicht mehr ernstlich verfolgt worden. Dagegen tauchte ein Erweiterungsvorschlag auf: die Bahn über Halle bis nach Magdeburg zu führen. Über dieses Projekt hat Alex mit dem Minister von Einsiedel gesprochen. Bis Mitte 1829 waren es nur Privatschreiben gewesen; man begann also jetzt, auch mit Behörden Fühlung zu nehmen, allerdings nur mündlich. Besonders energisch an der Durchführung der Pläne arbeitete man in Leipzig. In den folgenden Vorverhandlungen gaben die maßgebenden Kreise in Leipzig, Magdeburg und Halle ihre große Geneigtheit zu erkennen, sodaß man beschloß, eine allgemeine nähere Besprechung in Cöthen abzuhalten. Zu ihr wollte auch der — in der Eisenbahngeschichte bekannte — Oberbürgermeister von Magdeburg, Francke, erscheinen; ein Abgeordneter des Magistrats zu Leipzig wurde eingeladen. Auch hatte der Leipziger Kaufmann Ploß sich in Stockholm über Schienenlieferungen erkundigt, worauf ihm auf Grund einer Anfrage bei den drei ersten schwedischen Gußeisenwerken geantwortet wurde. So war das Unternehmen auf dem besten Wege zur Verwirklichung. Da kam die Nachricht aus Magdeburg: Man wolle dort auf das Projekt für jetzt nicht mehr eingehen. Man wolle erst die Wirkungen des neuen Handelsvertrages abwarten.

Man zweifele an dem Gewinn aus den aufgewandten Kosten. (Schreiben vom 15. Dez. 1829.) So lauteten die angegebenen Gründe der Ablehnung; der innere Grund war ein anderer: die Furcht der Magdeburger, der eigene Handel werde durch die Bahn verlieren und Leipzig zufallen, Magdeburg von der Bahn keinen Vorteil, sondern Nachteil haben. (Protokoll vom 11. Dez. 1829.)

Diese egoistische Anschauung der Magdeburger Kreise hat dem Projekte ein rasches Ende bereitet. Es ist jedoch wahrscheinlich, daß auch ohne diesen Gewaltabschluß der Bahnbau sich weiter und weiter verzögert hätte als Folge der Kette von Hindernissen damaliger Zeit. Mit Recht schreibt von der Leyen[1]: „Die ablehnende Haltung der Magdeburger Kaufmannschaft, die von einem recht engherzigen, um nicht zu sagen beschränkten Gesichtskreis Zeugnis ablegt, ist wohl kaum der alleinige Grund gewesen. Meiner Meinung nach war im Jahre 1829 Deutschland noch nicht reif für Eisenbahnen. Der Gedanke lebte erst auf in einigen hervorragenden, weitschauenden Köpfen, die große Masse der Bevölkerung stand ihm fern und die Regierungen waren zurückhaltend." Aber eben jene Ablehnung ist ein erneuter Beweis für die mangelnde Reife Deutschlands, deren Nachweis speziell für Sachsen der Anfang der vorliegenden Abhandlung erbringen sollte.

5. Sachsen im Rahmen eines deutschen Eisenbahnsystems.
Hamburg—Triest.

Mit kühnen Strichen zeichnete List 1833 ein Liniennetz über Deutschland, von Danzig nach Basel und von Hamburg nach Breslau. Doch auch hier waren bereits vor ihm in Sachsen Gedanken ähnlicher Art, wenn auch zunächst nur vereinzelt und zusammenhanglos, vorhanden. Das Projekt Leipzig—Dürrenberg hatte die Blicke weitergeleitet nach Thüringen hinein, das Projekt Leipzig—Halle war erweitert worden bis Magdeburg: die Anfänge eines größeren Netzes. Schon

---

[1] Zeitung des Vereins deutscher Eisenbahnverwaltungen, 1912, Nr. 47.

bald erkannte man die weitere Aufgabe der Eisenbahnen: das Bindeglied zu werden zwischen räumlich entfernten Städten, Ländern und Völkern, die Entfernungen abzukürzen durch die Schnelligkeit.

Die erste Bahn, welche in diesem Sinne Bedeutung in Sachsen gewann, war die nichtsächsische Bahn Budweis—Linz. Sie war — wie gezeigt — entstanden aus dem alten Verkehrsproblem einer Elbe-Donau-Verbindung. An ihr waren jedoch nicht nur die unmittelbar an diesem neuen Verbindungswege Gelegenen interessiert, sie sollte darüber hinaus die beiden großen Handelsgebiete der Elbe und der Donau in nähere Verbindung miteinander bringen. Sachsen war durch seine Elbe beteiligt; in sächsischen Kreisen wurden deshalb die Schicksale der Bahn auf das Lebhafteste verfolgt. Eine Handelsstraße von Hamburg nach Wien war die Hoffnung, die man an Budweis—Linz knüpfte. Und weiter noch: Eine zweite Bahn von Wien durch Ungarn nach Triest sollte jene Straße von der Nordsee zum Mittelmeer führen. Wieder waren es in der Hauptsache die Elbe-Blätter, die auf die Bedeutung dieser Verbindung wiederholt aufmerksam machten und darauf hinwiesen, welche Vorteile der deutsche Handel aus einer Hauptkommerzialstraße zwischen Hamburg und Triest ziehen werde. Ihre Aufsätze waren die ersten Stimmen in Sachsen, die den Eisenbahnen, vereint mit der Schiffahrt, die Stellung im großen Weltverkehre zuwiesen.

Die Hauptrouten.

Leipzig war das Handelszentrum Sachsens. Von Leipzig aus sollten naturgemäß auch die neuen Verkehrsstraßen ausgehen. Drei Ziele waren es vor allem: Erstens von Leipzig nordwärts nach der preußischen Handelszentrale Magdeburg und weiter nach Berlin und den Hansastädten; zweitens westwärts ins Thüringerland mit der weiteren Gabelung einerseits zur westdeutschen Handelsstadt Frankfurt a. M., anderseits südwärts nach Bayern; drittens südwärts nach Böhmens Hauptstadt Prag bzw. zur Moldau. Für diesen letzteren Weg

schlug List im Eisenbahnsystem die Linienführung Leipzig—
Dresden—Prag vor. Er wich darin wesentlich von der vor=
herrschenden Meinung ab, die Eisenbahnen nicht an schiffbaren
Flüssen entlang, sondern über das Gebirge zu führen. Der
Weg von Leipzig nach Prag führte über Zwickau—Chemnitz.
So schrieb die Sachsenzeitung am 20. November 1833, die
Bahn Leipzig—Zwickau werde den Weg nach Böhmen öffnen.
Ferner wurde an späterer Stelle [1] ausdrücklich (in bezug auf
das Leipzig=Dresdner Projekt) betont: „Sucht Leipzig den Weg
nach Dresden über Chemnitz, so hat es sich auch schon den
Weg nach Prag und zur Donau eröffnet." Ganz bestimmt
sprach es Schmitz[2] aus: der gerade Weg von Leipzig nach
Prag führe über Chemnitz. — Die Jahre 1826 und 1829
hatten in ihren Projekten die Wege nach Westen und Norden
gewiesen, das Magdeburger Projekt überdies auch Bayern in
Rücksicht gezogen.

List-Schmitz-Grote.

Es lag in der Zersplitterung Deutschlands durch politische
und Zoll=Grenzen begründet, daß solche weitschauende Probleme
in der betrachteten Vorperiode nur vereinzelt hervortraten.
Anderseits ist es besonders charakteristisch, daß sie Anfang der
dreißiger Jahre, also in den Jahren der Zollvereinsverhand=
lungen und =abschlüsse, begannen, lebhafter erörtert zu werden.
So veröffentlichte Dr. Fick Ende Oktober 1832[3] eine längere
Abhandlung „Deutsche Eisenbahnen", die als Hauptzweck einer
deutschen Eisenbahn die Verbindung der Seehandelsplätze
Hamburg, Bremen, Lübeck unter sich und mit Süddeutschland,
insbesondere mit der schiffbaren Donau hinstellte. Auf ihre Be=
deutung für Sachsen — indem sie Sachsen umgeht — war schon
bei der Umgehungsfrage hinzuweisen (S. 21). Mit dem Jahre
1833 begann die Zeit der zahlreichen Veröffentlichungen über

---
[1] Sachsenzeitung 1833, Nr. 296.
[2] Schmitz, Abhandlung über Eisenbahnen und Dampftransporte,
Leipzig 1834, S. 81.
[3] Allgemeiner Anzeiger der Deutschen, Oktober 1832.

Eisenbahnwesen: teils technischen Inhalts, teils solchen wirtschaftlicher Art. Drei Männer sind zu nennen, die von vornherein ein einheitliches, nach bestimmten Grundsätzen angelegtes großes deutsches Netz entworfen haben: List, Schmitz, Grote. Diese drei Männer stehen an der Spitze der allgemeinen deutschen Eisenbahngeschichte; ersterer in seiner Bedeutung von der Forschung vielseitig behandelt, letztere bisher weniger bekannt und beachtet. Und doch bieten gerade auch ihre Vorschläge geschichtlich viel Wertvolles und Interessantes. Alle drei zeichneten nach selbständigen, unabhängigen Grundsätzen ihre Skizzen, alle drei verschieden voneinander, ihren Beruf in ihrem Werke verratend. Während List, der Nationalökonom, von wirtschaftlichen Erwägungen ausgehend sein Liniennetz entwarf und mit politischer Sehergabe Berlin zum Hauptknotenpunkte wählte, verfolgte Schmitz, der Kaufmann, mit kaufmännischem Auge den Zug der Waren von Nord nach Süd und West nach Ost und zeichnete, ihm folgend, seine Routen, und Grote, der Oberbergrat, überschaute die deutschen Lande mit technischem Auge und suchte die Täler und Gebirgssättel aus, in die er seine Gleise einlegen konnte, und die Orte, an denen seine Dampfwagen den Brennstoff entnehmen sollten.

Verschieden wie die ganze Anlage der drei Systeme ist auch die Stellung, welche Sachsen in ihnen einnimmt. Stehen sie auch eigentlich am Anfange der Weiterentwicklung, so soll doch auch in dieser Abhandlung in aller Kürze auf sie eingegangen werden. Sie bilden den Abschluß, gleichsam die Zusammenfassung der Vorentwicklung und lassen manchen Gedanken aus ihr wiedererkennen. — Lists Eisenbahnsystem ist bekannt. „Über ein sächsisches Eisenbahnsystem als Grundlage eines allgemeinen deutschen Eisenbahnsystems", dieser Titel zeigt zur Genüge, welche Rolle Sachsen in ihm spielt. Von Leipzig aus eilt List über Berlin nach Hamburg, Lübeck, Stettin, Thorn, Breslau; über Dresden nach Prag; nach Zwickau und Chemnitz; nach Weimar, Frankfurt a. M. und Basel mit Abzweigung nach Nürnberg und München; über Halle, Magdeburg und Hannover nach Minden, Köln und nach Bremen. Er selbst schildert sein sächsisches Eisenbahnsystem wie folgt: „Nach demselben würde die Route von Leipzig nach Dresden sich nach Zwickau, Chemnitz und Freiberg, die von Weimar und Gotha nach Frankfurt a. M. und Bamberg verzweigen; durch die Route nach Halle käme das Königreich Sachsen mit den Salzwerken und mit der Saale in Verbindung; durch die nach Dessau, Wittenberg und Torgau würde die Elbe an einem Punkt berührt, wo die Schiffahrt noch nicht erschwert ist." Diese Gedanken sind ein Widerklang alter, längst gehegter Wünsche.

Eigenartig ist die Stellung von Schmitz, soweit Sachsen in Frage kommt. Zweierlei ist hierbei zu trennen: Seine allgemeinen Eisenbahngedanken und sein Eintreten in sächsischen Blättern für Leipzig. Die Grundgedanken waren schon bei der Umgehungsfrage zu besprechen. Er durchquert Deutschland mit zwei Hauptlinien: der Nord-Süd- und der West-Ost-Linie, erstere dem Verkehre von den Hansastädten nach Süddeutschland, letztere dem von Frankfurt a. M. nach Leipzig und erweitert von Frankreich nach Rußland dienend. Beide Linien, an die sich Nebenlinien angliedern, schneiden sich in einem Zentralpunkte. Die wichtige Frage war nun: Welche Stadt soll der Zentralpunkt sein? Schmitz hatte in Kassel lebhaft gearbeitet, die Kasseler Kreise auf die Vorteile des Zentralpunkts aufmerksam zu machen; mit gleichen Bemühungen war er in Leipzig tätig. So ist er gerade durch diese Aufpeitschung der Umgehungsfurcht für Sachsens Entwicklung von größter Bedeutung gewesen. Mit Leipzig als Zentralort würden seine Hauptlinien etwa wie folgt verlaufen: Grundlinie ist Frankfurt a. M.—Leipzig mit Wahl des Weges über Gotha—Weimar, über Kassel oder über Bamberg. Die Linien von den Seehäfen strömen in Magdeburg zusammen, wohin auch die Route von Berlin kommt. Von Magdeburg aus verläuft die Nord-Süd-Linie weiter über Bamberg, Nürnberg usw. An weiteren Linien wäre noch die Verbindung mit Prag über Chemnitz und mit Köln über Magdeburg—Hannover—Minden zu nennen. Bemerkenswert ist bei Schmitz die wichtige Stellung, die er

Magdeburg als preußischer Handelszentrale zuweist, und zweitens der Gedanke, auf Rhein und Main die Dampfschiffahrt in sein Verkehrssystem einzuziehen.

Am wenigsten von den dreien nimmt Grote auf Leipzig Rücksicht. Er führt seine Bahnen nach folgenden Gesichtspunkten: I. Berlin—Köln über Magdeburg, Braunschweig, Hannover, Minden. II. Hansastädte—Basel über Hannover, Göttingen, Kassel, Frankfurt, Mainz. III. Leipzig—München über Nürnberg mit Anschluß von Magdeburg und mit Fortsetzung über Innsbruck und den Brenner (Alpenbahn!) nach Brixen. IV. Eine Wiener—Lombardische Bahn nach Brixen zum Anschlusse an die Münchener. V. Verbindungs- und Nebenbahnen. Unter letzteren nennt er bezeichnenderweise erst Frankfurt a. M.—Leipzig. Auf der Donau sieht er Dampfschiffe als Glieder seines Verkehrsnetzes verkehren.

Von den drei Männern sind, wie schon gezeigt, die beiden ersten für Sachsen besonders wichtig. Sie wurden auch von den Zeitgenossen beide als Eisenbahnvorkämpfer erkannt und ebenbürtig einander zur Seite gestellt. „In diesen Blättern[1] ist die Eisenbahnangelegenheit mehrmals wie von mehreren anderen, so auch von einem in vielen Fächern des menschlichen Wissens höchst unterrichteten Manne, Hrn. Schmitz, und zwar, wenn wir unserm und dem Urteile Sachverständiger trauen dürfen, sehr gründlich und beifallswürdig — besprochen worden. Derselbe Mann hat es auch versucht, in Leipzig selbst, das er zum Mittelpunkt des ganzen europäischen Handels vermittels der Eisenbahn-Schöpfungen zu erhöhen sich getraut, ein Bureau für diesen und manchen anderen ähnlichen oder nah verwandten Zweck zu eröffnen, und geht noch mit dem Plane um, eine Art von „Journal du Commerce" zu begründen. Die Hindernisse und Schwierigkeiten, die ihm als einem Ausländer[2], den nur seine umfassenden Kenntnisse, seine gemeinnützigen Pläne und sein guter Wille, dieselben ohne Eigennutz, nur zum Heile der

---

[1] Sachsenzeitung 1833, Nr. 270.
[2] Schmitz stammt aus Elberfeld.

Länder und Völker durchzusetzen empfehlend sind, entgegengesetzt worden und entgegengesetzt werden, sind beinahe unzählig und wir können die trübe Ahnung nicht bergen, daß sein Bemühen, wenigstens für die nächste Zukunft nicht ein seinem Feuereifer entsprechendes Resultat liefern wird. Möge der edle Mann durch diese Erfahrungen nicht zu sehr betrübt werden und die nach dem allgemeinen Volks- und Staatswohle, mit Aufopferung aller gemächlichen Ruhe und allen häuslichen Glückes, hingerichtete Lebensbahn deshalb zu verfolgen nicht aufhören. Dem eben Genannten und Charakterisierten hat sich mit allen Zeichen der Ebenbürtigkeit zur Seite gestellt Prof. List. Er ist Herr von einem großen Reichtum theorethischer und praktischer Kenntnisse und von einem Schatze der trefflichsten Erfahrungen, und steht durch seine akademische Würde, die ihm hier und da mehr Anhang verschafft, und ihn darum auch mancher polizeilicher Quengelei überhebt, vor Schmitz in bedeutendem Vorteil." Nach diesen Zeilen setzte das Wirken von Schmitz in Leipzig noch eher ein als List. Er ließ 1833 in Leipzig ein Werk erscheinen: Grundlage eines allgemeinen Kreditvereins für Anlegung von Eisenbahnen usw. Ferner schlug er unter anderem die Bildung eines Zentralvereins für Unternehmung von Eisenbahnen und Dampftransporten vor. Wie in dem Entwurfe seines Eisenbahnsystems, so ging er auch in organisatorischen Fragen, insbesondere der Geldfrage, andere Wege als List. List war ein Mann, der nicht allein theoretische Fragen vorlegte, sondern selbst die Eisenbahnen gesehen und erprobt hatte, der also seine Behauptungen durch die Hinweise auf eigene Erfahrungen unterstützen konnte. Zu alledem muß er es außerordentlich gut verstanden haben, sich in schwebende und bestehende Gedanken einzuleben und sie in seine Pläne einzuflechten. Wenn man die vorstehend entworfene sächsische Vorgeschichte kennt und darnach sein Eisenbahnsystem durchliest, wird man eine ganze Reihe Feinheiten und Anklänge herausfinden, die beim flüchtigen Lesen verloren gehen.

Die vorliegende Arbeit zerstört den Glauben, List habe den Sachsen den Eisenbahngedanken gebracht. Schon längst hatte er geschlummert, und nur die nötige Reife hatte gefehlt, ihn zu erwecken. Es ist und bleibt aber das unbestreitbare Verdienst von Friedrich List, eben im Zeitpunkte der Reife die Sachsen mit Geschick und mit Energie wachgerüttelt und sie praktisch gangbare Wege gewiesen zu haben. So wird sein Name nach wie vor leuchtend bleiben in der Geschichte des sächsischen Eisenbahnwesens!

Vierter Abschnitt.
Quellennachweis.

Unmittelbares Quellenstudium bildet die Grundlage der vorliegenden Arbeit. Die folgende Zusammenstellung soll nicht nur die übliche Literaturübersicht bieten, sie soll vielmehr als selbständiges Kapitel eine Quellensammlung aus den Anfangsjahren des sächsischen Eisenbahnwesens geben. Es sind in ihr alle Stellen und Werke, auf die sich die Nachforschungen des Verfassers erstreckten, angeführt, auch solche, die sich des weiteren als für die engere sächsische Vorgeschichte als nicht Betracht kommend erwiesen.

Zwei Hauptgesichtspunkte waren zu verfolgen: Einmal die Frage, ob überhaupt in Sachsen vor Leipzig—Dresden der Eisenbahngedanke erörtert worden ist und sich zu einzelnen Projekten verdichtet hat. Zweitens die Frage, welche Kreise sich vornehmlich mit ihm befaßt haben und ob der Staat bereits irgendeine Stellung genommen hat. Auskunft über diese Fragen war zu erforschen in handschriftlichen und in gedruckten Überlieferungen. Es wurden demzufolge zwei Wege eingeschlagen: Erforschung und Durchsicht der damaligen und neueren Literatur einerseits und Aufsuchen und Bearbeiten von Akten und Dokumenten aus jener Zeit in Archiven, Museen usw. anderseits.

1. Akten.

Nach Akten u. dgl. handschriftlichen Aufzeichnungen wurde an folgenden Stellen geforscht:

Kgl. Sächs. Finanzministerium, Dresden.
Kgl. Sächs. Ministerium des Innern, Dresden.
Kgl. Sächs. Kreishauptmannschaft Dresden.
Kgl. Sächs. Kreishauptmannschaft Leipzig.
Kgl. Hauptstaatsarchiv, Dresden (s. unten).
Kgl. Sächs. Bergamt, Freiberg (s. unten).
Archiv des vorm. Oberbergamtes zu Freiberg (s. unten).
Kgl. Berginspektion Freiberg.
Kgl. Berginspektion Dresden.
Kgl. Steinkohlenwerk Zauckerode.
Direktion der Freiherrlich von Burgker Steinkohlenwerke, Großburgk, Bez. Dresden.
Bibliothek der Ständekammern, Dresden.
Ratsarchiv und Stadtbibliothek Dresden.
Ratsarchiv und Stadtbibliothek Leipzig.
Ratsarchiv Kassel \} Schmitz betr.
Ratsarchiv Elberfeld
Handelskammer zu Dresden.
Handelskammer zu Leipzig.
Eisenbahnmuseum in Dresden.
Verkehrsmuseum in Nürnberg.
Verkehrs- und Baumuseum in Berlin.
Deutsches Museum in München.
Dresdner Kaufmannschaft.
Gewerbeverein zu Dresden.
Verein für Eisenbahnkunde, Berlin.
Quellenforschung zur Geschichte der Technik und Naturwissenschaften, Berlin.
Archiv für deutsche Politik und Kultur, Dresden.
Bergischer Geschichtsverein, Elberfeld (Schmitz betr.).

Außerdem stand Verfasser mit folgenden Herren in Briefwechsel:

Bergmeister Hartung, Zauckerode \} Plauenschen Grund betr.
Oberlehrer Th. Winkler, Potschappel
Prof. Dr. H. Losch, Stuttgart (List betr.).

Im Kgl. Hauptstaatsarchiv zu Dresden wurden folgende Akten und Archivverzeichnisse durchgesehen:

Die bey dem allgemeinen Landtage im Jahre 1820/21 von der Landschaft angebrachten Gravamina und Interceßionen, auch sonstige Bitten und Vorschläge und deren Erledigung betr. . . . Loc. Nr. 2515.

Desgl. im Jahre 1824 ... Loc. Nr. 2516.
Desgl. im Jahre 1830 ... Loc. Nr. 2517.
Die Beschwerden der Kaufmannschaft in Leipzig über den Verfall des dasigen Handels betr. 1816—28 ... Loc. Nr. 11169.
Die Errichtung eines Industrievereins für das Königreich Sachsen betr. 1827—30 ... Loc. Nr. 11172.

Archivverzeichnisse:
1. III. Akten des vormaligen Geheim=Archives. Stichworte: Commerzien=Sachen; Akten der Landes=Oekonomie=, Manufaktur= und Commerzien=Deputation; Bausachen; Stift Merseburg; Dürrenberg; Plauenscher Grund; Leipzig; Dresden.
2. IV, V. Akten des vormaligen Geh. Cabinets=Archiv. Departement des Inneren und Departement des Äußeren. Stichworte: Bausachen; Commerciensachen; Privilegien; Straßensachen.
3. VII. Akten der vormaligen Geheim=Canzlei. Stichworte: Bausachen; Bergsachen; Commercialsachen; Regierungssachen; Straßensachen; Cammersachen; Privilegien; Oerter (Döhlen, Dresden, Dürrenberg, Freiberg, Leipzig, Plauenscher Grund, Zauckerode).
4. VIII (IX A). Akten der vormaligen Landesregierung, des Landesjustiz=Collegii, der Landesdirektion, des Sanitäts=Collegii und der Stiftsregierung zu Wurzen. Stichworte: Bergsachen; Cammersachen; Commerzialsachen; Regierungssachen; Straßensachen; Orte (Döhlen, Dresden, Dürrenberg, Leipzig, Plauenscher Grund, Zauckerode).

Register zu den Repertorien über die beim Finanz=Archiv befindlichen Acten und Urkunden:
VIII. Bausachen; IX. Bergsachen; XII. Commerciensachen; XXXII. Concessionen; LVII. Eisenbahnen und Telegraphen=Verbindungen.

Im Bergamte zu Freiberg wurden folgende Akten eingesehen:
Acta Nr. 3320ᵉ Vol. VI. Das Berggebäude Alte Mordgrube Fundgrube sammt Zubehör aufm obern Brande s. w. d. anhängig betreffend.
Acta Nr. 3320 f. Vol. VII. Desgl. 1832—38.
Acta Nr. 4855 Vol. I. Eisenbahnen s. w. d. a. betr. 1831—44.
Acta Nr. 3558 Vol. X, XI, XII. Churprinz Friedrich August Erbst. betr.
Akten des vorm. Oberbergamtes zu Freiberg: Nr. 11219. Varia, Die Anlage von Eisenbahnen betr.

2. Literatur.

Zur Aufstellung der in Betracht kommenden Literatur, insbesondere zur Nachforschung nach bisher unbekannten, speziell für sächsische Verhältnisse geltenden Veröffentlichungen wurden folgende Wege verfolgt:
1. Literaturangaben und Hinweise in anderen Werken.
2. Durchsicht von, insbesondere älteren, Bibliographien.
3. Nachforschungen bei den obengenannten Behörden, Vereinen, Museen usw.
4. Systematische Durchsicht von Bücherkatalogen einzelner Bibliotheken bzw. Rücksprachen mit den Bibliothekaren.

Für letzteren Weg kamen hauptsächlich die Dresdner Bibliotheken in Betracht. Es wurden angesehen (sämtliche in Dresden):
1. Bibliothek der Techn. Hochschule: Die Standort=Verzeichnisse Nr. I—VIII; X—XII; XIV; XVI—XVIII.
2. Bibliothek der Kgl. Generaldirektion der Sächs. Staatseisenbahnen: Kataloge.
3. Bibliothek der Gehestiftung: Kataloge; Verzeichnisse der Neuerwerbungen; Zeitschriften=Repertorium (Abt. 2, 5, 34[a], 35[a], 35[c], 35[d], 35[e]).
4. Stadtbibliothek: Kataloge.
5. Bibliothek des Gewerbevereins: Katalog.
6. Bibliothek der Handels= und Gewerbekammer: Katalog.
7. Bibliothek des Kgl. Sächs. Statist. Bureaus: Katalog.
8. Kgl. Öffentl. Bibliothek:
Folgende Zettelkasten: Hist. Saxon M
Ius publ. Germ. D
Technol A
Technol B
Mercat
Polit (Post und Eisenbahn)
VI_7 Verkehr.

Die Werke wurden in solche aus älterer und neuerer Zeit geschieden. Als Grenze wurde das Jahr 1860 gewählt, weil in diesem bereits die Denkschriften über die ersten deutschen Eisenbahnen beginnen[1].

---

[1] Festgabe zur Gedächtnisfeier des 25jährigen Bestehens ... Nürnberg—Fürth, 1860.

A. Werke.

1. Bis 1859.

Allgemeine Encyklopädie der Wissenschaften und Künste, hrsg. von Ersch und Gruber, I. Sektion, 40. Teil, Eisenbahnen, 1844.

Aufruf an unsere Mitbürger in Sachsen, die Anlage einer Eisenbahn zwischen Dresden und Leipzig betr., Leipzig [1834].

Auswahl der in neuester Zeit erschienenen werthvollsten und nützlichsten Bücher für Gewerbtreibende pp. Quedlinburg 1839.

Baader, Jos. Ritter v., Neues System der fortschaffenden Mechanik, München 1822.

Baader, Jos. Ritter v., Huskisson und die Eisenbahnen, München 1830.

Baader, Jos. Ritter v., Die Unmöglichkeit, Dampfwagen auf gewöhnl. Straßen usw., Nürnberg 1835.

Benseler, Geschichte Freibergs und seines Bergbaues, Freiberg 1853.

Brockhaus, Allgemeine deutsche Real-Encyclopädie, 7. Aufl., 1827.

Bücherkunde, Polytechnische. Nürnberg 1846 (Leuchs u. Comp.).

Busch, Handbuch der Erfindungen, 4. Aufl., 4. Teil, 1. Abt. (Eisenbahnen). Eisenach 1807.

Crelle, A. L., Einiges allgemein Verständliche über Eisenbahnen, Berlin 1835.

Crelle, A. L., Über verschiedene Arten von Eisenbahnschienen und deren Fundamentierung, Berlin 1837.

Damen-Conversations-Lexikon. Hrsg. von Herloßsohn, 1835.

Darstellung einer anzulegenden Eisenbahn von der Königl. Preuß. Saline Dürrenberg und der schiffbaren Saale daselbst bis nach Leipzig auf den Wageplatz vor dem Halleschen Thore. Schneeberg 1826.

Deutsches Staatswörterbuch, hrsg. von Bluntschli und Brater, Stuttgart u. Leipzig (1858).

Einladung zur Beteiligung bei dem Aktienunternehmen zur Anlegung einer Eisenbahn von Dresden durch den Plauenschen Grund bis Tharandt s. a. [1853].

Engelmann, Bibliotheca mechanico-technologica, Leipzig 1844, 1850.

Gerstner, Frz. Jos. Ritter v., Zwey Abhandlungen über Frachtwägen und Straßen und über die Frage, ob und in welchen Fällen der Bau schiffbarer Kanäle, Eisenwege oder gemachter Straßen vorzuziehen sey, Prag 1813.

Gerstner, Frz. Jos. Ritter v., Handbuch der Mechanik. Hrsg. von Franz Anton Ritter von Gerstner. Prag 1831—34.
Gesellschaft, Die Leipziger polytechnische, und ihre Wirksamkeit in den Jahren 1834—36.
Gordon, A., Historische und praktische Abhandlung über Fortbewegung ohne Tierkraft mittels Dampfwagen auf gewöhnlichen Landstraßen. Aus d. Engl. Weimar 1832.
Gretschel, C., Geschichte des Sächs. Volkes und Staates. 1853.
Grote, C., Über ein Eisenbahnsystem für Deutschland, Göttingen 1834.
Hansemann, Dav., Die Eisenbahnen und deren Aktionäre in ihrem Verhältnis zum Staat, Leipzig und Halle 1837.
Hartmann, Praktisches Handbuch über Anlage von Eisenbahnen, Augsburg 1837—40.
Hartmann, Encyclop. Wörterbuch der Technologie, Augsburg 1838—41.
Hauptbericht über die Ertragfähigkeit und Ausführbarkeit der Erzgebirgischen Eisenbahn, 1837.
Hundeshagen, Zeitbedürfnisse in politischer pp. Beziehung, 1832.
Kote, B., Grundzüge der Gewerbkunde, Magdeburg 1828.
Kühne, A., Belehrungen über Anlegung und Konstruktion der verschiedenen Arten von Eisenbahnen, Quedlinburg 1834.
Leipzig—Dresdner Eisenbahn, Die, 1838.
Leuchs, Polytechnisches Wörterbuch, Nürnberg 1829.
List, Fr., Über ein sächsisches Eisenbahnsystem usw., Leipzig 1833.
List, Fr., Das deutsche Nationaltransportsystem, Altona 1838.
List's, Frdr., gesammelte Schriften, hrsg. von L. Häußer, Stuttgart 1850.
Meißner, N. N. W., Geschichte und erklärende Beschreibung der Dampfmaschinen, Dampfschiffe und Eisenbahnen, Dresden 1839.
Meurer, F., Eisenbahn von Dresden nach Tharandt usw., Kassel s. a.
Nemnich, Ph. A., Neueste Reise durch England, Schottland und Ireland, Tübingen 1807.
Pambour, P. M. G. de, Praktische Abhandlung über Dampfwagen auf Eisenbahnen. Aus d. Engl. Berlin 1837.
Pinhas, Einige Bemerkungen über Handelsstraßen und Eisenwegebau, Kassel 1833.
Poppe, J. H. M., Handbuch der Erfindungen in den mechan. u. techn. Künsten, Hannover 1817.

Poppe, J. H. M., Die Fuhrwerke, Stuttgart 1828.
Poppe, J. H. M., Die Telegraphen und Eisenbahnen, Stuttgart 1834.
Prechtl, J. J., Technolog. Encyklopädie, Stuttgart 1830 bis 1842.
Rau, K. H., Ansichten der Volkswirtschaft mit bes. Beziehung auf Deutschland, 1821.
Reuße, H., Die deutschen Eisenbahnen in Bezug auf Geschichte, Technik und Betrieb, Kassel 1844.
Scharrer, Joh., Deutschlands erste Eisenbahn mit Dampfkraft, Nürnberg 1836 ff.
Schmitz, J. W., Bund der Völker für Gewerbe und Handel, Kassel 1832.
Schmitz, J. W., Abhandlung über Eisenbahnen und Dampftransporte, Leipzig 1834.
Teuscher, F. A., Die deutschen Eisenbahnen, Leipzig 1847.
Theorie, Neue, des Straßenbaues, der Eisenbahnen und Kohlenwagens. Aus d. Engl. Leipzig f. a. [1802?]
Weißeritz-Thäler, Die, 1833.

2. Seit 1860.

Biedermann, E., Die technische Entwicklung der Eisenbahnen der Gegenwart, Leipzig 1907.
Birk, A., Die Entwicklung des modernen Eisenbahnbaues, Leipzig 1911.
Borght, R. v. d., Verkehrswesen, Leipzig 1894.
Brockhaus, Konversations-Lexikon, 14. Auflage.
Buch der Erfindungen, 9. Aufl., Band 9, Teil 1.
Degering, P., Verkehrsgeographie von Sachsen, Diss. Jena 1907.
Dresemann, O., Das erste Eisenbahnsystem, Köln 1905.
Fehleisen, E., Friedrich List, sein Leben und Wirken, Reutlingen 1879.
Gebauer, H., Die Volkswirtschaft im Kgr. Sachsen, Dresden 1893.
Geistbeck, M., Der Weltverkehr ... in ihrer Entwicklung dargestellt, Freiburg i. B. 1887.
Geschichte der Eisenbahnen der oesterreich-ungarischen Monarchie, Teschen 1898/99.
Goldschmidt, Fr., Friedrich List, Deutschlands großer Volkswirt, 2. Aufl., Berlin 1878.
Grunzel, J., System der Verkehrspolitik, Leipzig 1908.
Gutbier, Frdr. v., Maßtafeln zur Verwandlung aller säch-

fischen ... Maße in das metrische Maß usw., Dresden 1870.

Haarmann, A., Das Eisenbahn=Geleise, (Geschichtlicher Teil, Leipzig 1891.

Haberer, Th., Geschichte des Eisenbahnwesens, Wien 1884.

Hagen, R., Die erste deutsche Eisenbahn mit Dampfbetrieb, Nürnberg [1885].

Hahn, F., Die Eisenbahnen, ihre Entstehung und gegenwärtige Verbreitung, Leipzig 1905.

Handbuch der Ingenieur=Wissenschaften. Eisenbahnbau.

Handwörterbuch der Staatswissenschaften (Conrad), Jena, 3. Aufl.

Huber, F. C., Die geschichtliche Entwicklung des modernen Verkehrs, Tübingen 1893.

Jentsch, Friedrich List, Berlin 1901.

Koettig, R. F., Geschichtliche, technische und statistische Notizen über den Steinkohlenbergbau Sachsens, Leipzig 1861.

Leipzig—Dresdner Eisenbahn, Die, in den ersten 25 Jahren ihres Bestehens, Leipzig 1864.

Leipzig—Dresdner Eisenbahn, Die, ihre bisherige Entwicklung und Zukunft, Leipzig 1872.

Leßke, Fr. Aug., Beiträge zur Geschichte und Beschreibung des Plauenschen Grundes bei Dresden. 1892—1903.

Lindau, M. B., Geschichte der K. Haupt= und Residenzstadt Dresden, 2. Aufl., Dresden 1884.

Lins, W., Die thüringischen Eisenbahnverhältnisse usw., Jena 1910.

Lotz, Die Verkehrsentwicklung in Deutschland 1800—1900, 2. Aufl., Leipzig 1906.

Lueger, O., Lexikon der gesamten Technik, Stuttgart u. Leipzig.

Marggraff, H., Die Vorfahren unserer Eisenbahnen und Dampfwagen, München 1884.

Meyer, S., Konversations=Lexikon, 6. Aufl.

Moltke, S., Zwei Kapitel aus Leipzigs Handels= und Verkehrsgeschichte, Leipzig 1912.

Most, O., Friedrich List, der Bismarck des deutschen Wirtschaftslebens, Leipzig 1906.

Müller, C., Die badischen Eisenbahnen in historisch=statistischer Darstellung, Heidelberg 1904.

Niedermüller, Die Leipzig=Dresdner Eisenbahn, ein Werk Friedrich List's, Leipzig 1880.

Oesterreichisches Staatswörterbuch, hrsg. von Mischler und Ulbrich, Wien 1905.

Perrot, Zur Geschichte des Verkehrswesens, Rostock 1871.

Pierers Konversations-Lexikon, Berlin und Stuttgart, 7. Aufl., 1889.
Politisches Handbuch, Staats-Lexikon f. d. deutsche Volk, 1870.
Richter, P. E., Verzeichnis der Periodica der öffentlichen Bibliothek zu Dresden, Dresden 1880.
Richter, P. E., Literatur der Landes- und Volkskunde des Kgr. Sachsens, Dresden 1889 u. Nachtr.
Sax, E., Die Verkehrsmittel in Volks- und Staatswirtschaft, Wien 1879.
Schäfer, G., Ursprung und Entwicklung der Verkehrsmittel, Dresden [1890].
Schlebach, W., Die Entstehung und Ausbildung der Eisenbahnen, Winterthur 1875.
Schmeidler, Geschichte des deutschen Eisenbahnwesens, Leipzig 1871.
Schulze, Fr., Die ersten deutschen Eisenbahnen Nürnberg—Fürth und Leipzig—Dresden, Leipzig 1912. (Voigtländers Quellenbücher Nr. 1.)
Staatslexikon, hrsg. von Rotteck u. Welcker, 3. Aufl. (1862).
Staatslexikon, hrsg. von Baumbach, Leipzig (1882).
Staatslexikon, hrsg. von Dr. Bachem, Freiburg i. B. (1901).
Steiner, Fr., Bilder aus der Geschichte des Verkehrs. Die historische Entwicklung der Spurbahn. Prag 1880.
Stöhr, Das Eisenbahnwesen in Sachsen, Dresden 1864.
Stürmer, Geschichte der Eisenbahnen, Bromberg 1872—76.
Supper, Die Entwicklung des Eisenbahnwesens im Kgr. Württemberg, Stuttgart 1895.
Treitschke, H. v., Deutsche Geschichte im Neunzehnten Jahrhundert, Leipzig 1889.
Ulbricht, Geschichte der Kgl. Sächs. Staatseisenbahnen, Dresden 1889.
Wagner, A., Das Eisenbahnwesen als Glied des Verkehrswesens, Leipzig und Heidelberg 1877.
Weber, M. M. v., Die Schule des Eisenbahnwesens, Leipzig 1873.
Wetzel, A., Friedrich List als nationaler Erzieher, Stuttgart f. a.
Wiedemann, A., Die Sächs. Eisenbahnen in histor.-statist. Darstellung, Leipzig 1902.
Winkler, Vorträge über Eisenbahnbau, Prag 1867—79.
Wörterbuch des deutschen Staats- und Verwaltungsrechtes, Tübingen, 1. Band 1911.
Wörterbuch der Volkswirtschaft, hrsg. von Elster, 1911.

B. Zeitschriften.

(Die eingeklammerten Zahlen geben die durchgesehenen Bände bzw. Jahrgänge an.)

Ameise, Die (Vaterländische Mitteilungen). (1833.)
Anzeiger, Allgemeiner, der Deutschen (1824—27).
Anzeiger, Allgemeiner, und Nationalzeitung der Deutschen (1830 bis 1832).
Archiv für Bergbau und Hüttenwesen (Inhaltsverz. zu Bd. XI bis XX, 1831).
Archiv für Eisenbahnwesen (1878—1912). Inhalt — Bücherschau — Zeitschriftenschau [1].
Archiv, Neues, für Sächsische Geschichte und Altertumskunde (Gesamtinhaltsverz 1904).
Bauzeitung, Allgemeine (Förstersche). (Gesamtinhaltsverz. 1836 bis 1885.)
Bibliothek der neuesten Weltkunde, hrsg. von H. Malten (1829—35).
Biene, Die (1827—32).
Calender für den Sächs. Berg- und Hüttenmann (1833, 1835, 1840; Register 1827—40).
Communalblätter, Dresdner (1830).
Constitutionelle Staatsbürger-Zeitung (1833, 1834).
Denkwürdigkeiten, Sächsische (1830, 1831).
Dinglers Polytechn. Journal (Realindex zu Band 1—198).
Elbe-Blätter (1822—28).
Erinnerungsblätter für gebildete Leser aus allen Ständen (1818—26).
Gesetzsammlung f. d. Kgr. Sachsen (1818—40).
Gewerbeblatt für Sachsen (1834).
Gewerbsfreund, Der deutsche (Kastner). (1815—24.)
Hesperus, ein Nationalblatt für gebildete Leser (1816—19).
Hesperus, Encyclopäd. Zeitschrift für gebildete Leser (1827—28, 1830—32).
Jahrbücher des k. k. polytechn. Institutes in Wien, hrsg. von Prechtl (Band 1—20, 1821—39).
Journal für die Baukunst, hrsg. von Crelle (Band 1—12, 1828 bis 1843).
Journal für gemeinnützige Kenntnisse (1833).
Landtags-Akten (1833/34).
Leng, Jahrbuch der neuesten Erfindungen (1822—29).

---

[1] Die Zeitschriftenschau im Archiv für Eisenbahnwesen dient zugleich als einheitliche Übersicht über die gesamte neuere Eisenbahn-Zeitschriften-Literatur. Letztere ist deshalb im Folgenden nicht besonders angegeben.

Leipziger Kreisblatt (1837).
Leipziger Zeitung (1825—27).
Magazin der neuesten Erfindungen, Entdeckungen und Verbesserungen usw., hrsg. von Poppe, Kühn, Baumgärtner. Neue Folge. (1816—25.)
Magazin der neuesten Erfindungen und Fortschritte usw., hrsg. von Ahner (1825—28).
Monatsblatt für Bauwesen und Landverschönerung (1821—30).
Nachrichten vom Landtage (außerordentliche Beilage zur Leipz. Ztg.). (1833/34.)
Provinzialblätter, Sächsische (1827—29).
Sachsenzeitung (1830—33).
Sammler, Der, aller Merkwürdigkeiten ... im Kgr. Sachsen (1837—39).
Saxonia. Museum für sächsische Vaterlandskunde (1835—41).
Verhandlungen des Vereins zur Beförderung des Gewerbfleißes in Preußen (1822—36).
Voigt, J. H., Magazin f. d. neuesten Zustand der Naturkunde (4. Band 1802).
Volksfreund, Der erzgebirgische, Monatsschrift (1828—36).
Zeitblatt für Gewerbtreibende (1828—33).
Zeitschrift f. d. ges. Staatswissenschaft (Register zu Jahrgang 1—60, 1844—1904).

Printed by Libri Plureos GmbH
in Hamburg, Germany